刑罚的历史

罗翔 编著

云南人民出版社

目　录

第四章　刑徒之苦

第五章　生离死别的流放

第一章

追本溯源：刑罚的起源与发展

中国古代的法律以刑法为基础，其主要的法律后果就是刑罚，它轻则剥夺人之财产、自由，重则危及生命，是一种以国家强制力为后盾的最严厉的惩罚措施。这种可怕的惩罚措施缘何而生？为何存于人类社会？它经历了怎样一种发展阶段？带着这些疑问，我们试图展开刑罚的历史。

一、关于刑罚起源的几种学说

　　对于刑罚的起源，古今中外，人们提出过无数假说，至今仍无定论，可谓众说纷纭，仁者见仁，智者见智。择其要者，大体有如下学说：

1．罚源神授："天"说

　　刑罚起源于"天"，也称"神授说"。该说是人类历史上最为古老的对刑罚起源的解释。无论是东方还是西方，该说都以君权神授理论为基础。

"在上有权柄的，人人当顺服他，因为没有权柄不是出于神的。凡掌权的都是神所命的。所以，抗拒掌权的就是抗拒神的命；抗拒的必自取刑罚。作官的原不因为他是神的用人，是与你有益的。你若作恶，却当惧怕；因为他不是空空的佩剑，他是神的用人，是伸冤的，刑罚那作恶的。"（《罗马书》13：1-4）

此处所说的佩剑的权力就是世俗政权对犯罪施加刑罚的权力。在西方世界，启蒙运动之前，罚源神授一直都处于通说的地位。柏拉图也曾指出："根据哲学和世界的本来意义，习惯上被认为必要的神圣的制度应属于神的规则。刑罚就是这样的制度……犯罪扰乱了宇宙的和谐，而这种和谐必须得到恢复。……在遭受刑罚的过程中，犯罪人还报了被称之为正义的宇宙秩序。"[1]

中国古人将"天"作为万物的起源，认为自然界、社会的一切都起源于"天"，君主之权力也出自天授，故称"天子"，作为君主权力的重要体现——刑罚权，自然也来源于天。古代统治者都试图用此理论将刑罚神秘化、权威化，将统治者对被统治者的刑事镇压，说成是履行"天"的意志，统治者不过是代天行罚，刑罚源自"圣人因天讨而作五刑"。

《尚书·皋陶谟》有云："天讨有罪，五刑五用哉。"《尚书·甘誓》记载夏启攻伐有扈氏的檄文，这封檄文相当于战争动员令。在檄文中，夏启说自己奉上天之命令剿灭有扈氏，以"恭行天之罚"。

2．罚源武力："兵"说

此说认为，刑罚起源于兵，来源于武力。相传黄帝战蚩尤于涿鹿，"以兵定天下，此刑之大者"。[2]后世将此军事讨伐称为"大刑"，《汉书·刑法志》曰："大刑用甲兵，其次用斧钺；中刑用刀锯，其次用钻凿；薄刑用鞭扑。大者陈诸原野，小者致之市朝，其所繇来者上矣。"

古代不少学者认为，刑罚的产生与战争密不可分，《汉书·刑法志》记载："自黄帝有涿鹿之战以定火灾，颛顼有共工之陈以定水害。……夏有甘扈之誓，殷、周以兵定天下矣。""刑起于兵""兵刑同一"，最初的刑罚就是对在氏族战争中的战败者、叛乱者和违反军纪者的处罚。远古时期，兵刑并未严格区分，奴隶主用甲兵征讨异族，用刑罚来统治已被征服的氏族，兵与刑的区别是"刑外"与"刑内"的关系，如司马迁在《史记·律书》中就说："故教笞不可废于家，刑罚不可捐于国，诛伐不可偃于天下。"家庭不能废除教鞭，国家不能取消刑罚，天下也不可能没有战争。刑罚刑内，诛伐（兵）刑外。司马迁在《律书》的前几章讲的就全是有关军事的问题，可以说《律书》就是《兵书》。在《史记·律书》开篇，他即表示："王者制事、立法、物度、轨则，壹秉于六律，六律为万事根本焉，其于兵械尤所重。"

3．罚源契约："契约"说

此说认为刑罚起源于人们缔结的契约。该观点最初由希腊哲学家吕科弗隆（Lykophron，约前4世纪上半叶）首倡，他认为"法律只是一种互相保证正义的协定，它理应成公民为善和正义的工具"，后经伊壁鸠鲁（Epikouros，前341—前270）发展，及至17世纪、18世纪为欧洲自然法学派发扬光大，其中尤以卢梭、贝卡里亚为此说之集大成者。

社会契约论认为，国家与法的形成，起源于早期人们为了获得生存的社会保障而自愿转让本属于个人的一些自然权利而缔结的社会契约，为了保障自己的利益，缔约者同意如果自己侵犯了公众的利益，就应当接受惩罚，卢梭指出："正是为了不至于成为凶手的牺牲品，所以人们才同意，假如自己做了凶手的话，自己也得死。"[3]

意大利法学家贝卡里亚则更是明确阐明了刑罚权的起源，他说：在人类历史的某个阶段，为了争夺利益，人们相互残杀，朝不保夕，他们非常需要有种东西来"阻止个人专横的心灵把社会的法律重新沦入古时的混乱之中"，"正是这种需要迫使人们割让自己的一部分自由，而且，无疑每个人都希望交给公共保存的那份自由尽量少些，只要足以让别人保护自己就行了。这一份份最少量自由的结晶形成惩罚权"[4]。

4．罚源目的："定分止争"说

此说试图从刑罚的目的来阐明其起源。该说认为，规定刑罚的法律是为了定分止争，"定分"指确定名分，即确定所有权；"止争"指禁止争夺。由于中国古代民刑不分，习惯用刑法调整财产权利，因此"定分止争"的唯一方法也就是规定刑罚的刑法。

《荀子·礼论》从人欲出发阐释了法律（主要是刑法）调整的重要性："礼起于何也？曰：人生而有欲，欲而不得，则不能无求。求而无度量分界，则不能不争。争则乱，乱则穷。先王恶其乱也，故制礼义以分之，以养人之欲，给人之求，使欲必不穷乎物，物必不屈于欲，两者相持而长，是礼之所起也。故礼者，养也。""礼"，即礼法，亦习惯法也。正因为人之欲望无限，资源有限，因此必须通过法律定分止争，而法律直接后果就是刑罚。需要说明的是，"定分止争"说的前提是人性本恶，其实也就是"人欲"，每个人都有自己的欲望，因此，也就必须有礼义规范约束人性之恶。所以《荀子·性恶》说："故古者圣人以人之性恶，以为偏险而不正，悖乱而不治，故为之立君上之势以临之，明礼义以化之，起法正以治之，重刑罚以禁之，使天下皆出于治，合于善也。是圣王之治而礼义之化也。"

荀子的学生韩非更是用人口增殖而财富不增的理论，表明了以"刑""定分止争"的必要性。《韩非子·五蠹》曰："古者，丈夫不耕，草木之实足食也；妇人不织，禽兽之皮足衣也。不事力而养足，人民少而财有余，故民不争。是以厚赏不行，重罚不用，而民自治。今人有五子不为多，子又有五子，大父未死而有二十五孙。是以人民众而财货寡，事力劳而供养薄，故民争，虽倍赏累罚而不免于乱。……是以古之易财，非仁也，财多也；今之争夺，非鄙也，财寡也。轻辞天子，非高也，势薄也；争土橐，非下也，权重也。故圣人议多少，论薄厚，为之政。故罚薄不为慈，诛严不为戾，称俗而行也。"韩非还举例说：一只兔子在野外奔跑，一群人都会去追赶；而将一百只兔子关在市场的笼子中，或把一头牛拴在路边，却无人去牵动。这是为什么？就是因为野外的兔子名分未定，谁追着就是谁的；而市场上的百兔或牛的名分已定，谁再擅自牵拿，即有可能被定为"盗"，要受到刑罚。

5．罚源正义："正义"说

这派学说认为：刑罚的产生是因为正义的要求。此说为德国著名哲学家康德、黑格尔所主张。"其要领略谓吾人有正义之观念，要求对不正加以相当之责而赎罪。故社会对犯罪科处刑罚系因此正义之要求。"[5]康德指出：如果你诽谤了别人，你就是诽谤了自己；如果你偷了别人的东西，你就是偷了你自己的东西；如果你打了别人，你就是打了自己；如果你杀了别人，你就是杀了你自己。因此国家处罚犯罪人，就是满足犯罪人"报复的权利"，而这样做正是对犯罪人人格的尊重。换言之，国家有义务对犯罪人施以刑罚，"如果不这样做，……是对正义的公开违犯"。[6]

黑格尔更是认为：犯罪是对法的否定，刑罚是对犯罪的否定，所以刑罚不过是否定之否定，刑罚具有自在自为的正义，加于犯罪人的刑罚不但是自在地正义的，因为这种刑罚同时是他自在地存在的意志，是他的自由的定在，是它的法，所以是正义的；不仅如此，而且它是在犯人自身中立定的法，处罚他，正是尊敬他是理性的存在。如果国家不对犯罪人处以刑罚，他就得不到这种尊重。[7]

6．罚源防卫："社会防卫"说

此说认为刑罚之所以产生，是为了防卫社会免受犯罪的侵害。这种观点最初由刑事实证学派所倡导。如刑事实证学派创始人龙勃罗梭认为："野兽食人，不必问其生性使然，抑故尔作恶；吾人遇之，必毙之而已。禁锢疯犯，亦同此自卫原理。……刑罚必从自卫论，方可无反对之地。"他以进化论作为自己理论的依据，认为社会是一种客观存在之物，受着进化理论的支配，因此，为了社会自身进化起见，对于侵害其生存的犯罪人，有打击与抑制的必要，而国家的刑罚权正是从这种必要性中产生的。英国功利主义法学家吉米·边沁也持此说，他认为：社会秩序，完全依靠国家维持，从维持国家秩序的需要来看，国家有行使刑罚权之必要。[8]

7．罚源异族："苗民"说

这种关于刑罚起源的说法是中国刑罚起源的特有说法。

我国古代的刑罚，产生在文字起源之前。传说周穆王时，命吕侯（也称甫侯）作刑，制定了一部有"五刑之属三千"的《吕刑》。《尚书·吕刑》中说："苗民弗用灵，制以刑。惟作五虐之刑，曰法，杀戮无辜。爰始淫为劓、刵、椓、黥。"劓即割鼻之刑，刵是割耳之罚，椓即宫刑，黥即墨刑，吕侯把造刑视为一种残暴、犯罪。

　　吕侯造刑源自何处？《吕刑》认为来源于苗民。苗民也称三苗，在尧、舜时代一直臣服于黄帝。在古人看来，三皇五帝皆为仁圣之君，善于教化臣民，平怨息争，天下太平，和平兴旺。这些圣王是不会用残暴手段对待臣民的。但为什么三皇五帝的后人所生活的年代会出现了刑罚呢？为给当时广泛使用的肉刑找到出处，吕侯他们便把这些刑罚归咎于苗民，认为刑罚起源于苗民。由于"今不如古"，禹以后的帝王仁德不如五帝，故援用了苗民的刑罚。但是由于这些帝王较之野蛮的苗民还是要宽仁得多，于是他们不断对苗民的刑罚进行修改，使之由重变轻，最后发展成了周时使用的五刑。而周穆王又定"赎法"，使受刑者得以金赎刑，这当然也就显得更仁义无比了。

　　为了突出三皇五帝的仁德，先人们还向我们描述了历史上的一个黄金时代。在这个时代，不存在死刑和肉刑。《路史·前纪》说祝诵氏："刑罚未施而民劝化"。《路史·后纪》说神农氏："刑罚不施于人而俗善。"《商君书·画策》也说："神农之世，……刑政不用而治。"桓谭《新论》总结道："无制令刑罚谓之皇。"没有刑罚，正是三皇所以被称为皇的缘故。[9]人们又说，当时的华夏大地只有象刑，而无肉刑。象刑者，顾名思义，只是一种象征性的刑罚。《尚书大传》说："唐虞之象刑，上刑赭衣不纯，中刑杂屦，下刑墨幪，以居州里，而民耻之。"意思是犯轻罪的人蒙上黑色头巾，犯中罪的人穿上特殊的鞋子，犯重罪的人则让其穿上赭色无领的衣服，让犯罪的人感到羞耻。但对这种说法，早在战国时期就有人提出异议。如荀况就认为"象刑殆非生于治古，并起于乱今也"，[10] 古无肉刑也就不可能有象刑，只是先人们为了维护三皇五帝仁德圣明的形象，一直不承认历史的真实，久久地沉浸在对实行象刑的治世的仰慕、向往之中[11]。

　　上述诸多学说，虽然在今人看来，有些不乏荒诞，但它们毕竟是人类在特定时候的一种认识，以大历史的眼光来看，至少具有历史合理性。罚源"天"说与当时君权神授的观念密不可分，在普遍敬畏天道的古代社会，这种学说显然能为刑罚的正当性提供最强有力的辩护，有助于在短时间内统一社会认识，维护社会的秩序，同时它还能够在某种意义上约束统治者行为，让其恪守天道，毋要过分滥施刑罚，否则将遭天谴。罚源"苗民"说虽将当时的残暴刑罚归咎于苗民，于实际似有不符，但其正是希望从远古寻找刑罚轻缓的根据，借助"今不如古"的逻辑改革当时残暴的刑罚制度，有意思的是，中国古代、近代的历次改革皆因循此种逻辑。罚源"契约"说更是具有重大的启蒙意义，正是这种理论开启了人类废除酷刑、限制刑罚权的大潮，刑罚人道主义开始深入人心，但是契约论并不符合国家初始状态的实质，它带有理想主义的色彩，是以现代观点解说古代社会，"国家根本不是一个契约，保护和保证作为单个人的生命财产也未必说是国家实体性的本质，反之，国家是比个人更高的东西，它甚至有权对这种生命财产提出要求，并要求其为国牺牲"。[12]

　　至于其他学说，也并非完全错误，它们至少在表象上解释了刑罚的起源：刑罚与刑罚的产生和战争密不可分，正是因为战争才有最初的军律；刑罚当然要定分止争，否则人类社会无法正常运作；刑罚更要符合正义的要求，否则它就不可能常行于世；刑罚当然也要防卫社会，保证社会的基本秩序。

然而表象并非实质，透过表象，我们应该窥见更深的本质。刑罚当然不是谁创造的，所谓吕侯作刑，只是古人的一种攀附之说，即使史上存有其事，吕侯也不过是将以前的经验总结提炼。[13] 刑罚是一种自生自发的东西，它和道德、宗教、语言、书写、货币、市场以及整个秩序，都是"人之行动而非人之设计的结果"（哈耶克语），刑罚是一种进化的结果，在进化过程中，它渐渐满足了战争的需要，实现了定分止争的目的，符合正义的要求，维护社会的秩序，最后逐渐为统治阶层总结定型。

二、回溯与前瞻

中国的刑罚发展经历了三个阶段，贯穿了两种发展趋势。

第一个阶段是奴隶制旧五刑从形成到衰亡阶段。

旧五刑为：墨、劓、刖、宫、大辟。以肉刑为主，主要存在于奴隶制社会。根据现有的史料记载，五刑在夏朝已初具雏形，《左传·昭公六年》说："夏有乱政，而作《禹刑》。"《尚书·大传·甫刑》中有"夏刑三千"的记载。《周礼·秋官·司刑》注曰："夏刑大辟二百，膑辟三百，宫辟五百，劓、墨各千。"五刑在夏朝已经存在，当是不假。到了商朝，五刑就更通行了。《左传·昭公六年》："商有乱政，而作《汤刑》"。"汤刑"是商代法律的总称，它是在《禹刑》的基础上增删而成，其中有许多关于五刑的记载，今天出土的甲骨文也可资佐证。西周时，五刑制度趋于完善。据《周礼·秋官·司刑》记载："掌五刑之法，以丽万民之罪。墨罪五百，劓罪五百，宫罪五百，刖罪五百，杀罪五百。"

旧五刑异常野蛮、残酷。《周礼·秋官·司刑》注曰："墨，黥也。先其刻面，以墨窒之。""劓，截其鼻也。""刖，断足也。周改膑作刖。""宫者，丈夫则割其势，女子闭于宫中。"大辟则更是用诸多匪夷所思的方法致人毙命。除此以外，为了维护统治阶层的统治，统治者还发明了无数更为严酷的刑罚，如《汉书·刑法志》记载："陵夷至于战国，韩任申子，秦用商鞅，连相坐之法，造参夷之诛，增加肉刑、大辟，有凿颠、抽胁、镬烹之刑。"

汉初亦沿袭秦制，"汉兴之初，虽有约法三章，网漏吞舟之鱼，然其大辟，尚有夷三族之令。令曰：当三族者，皆先黥、劓，斩左右止，笞杀之，枭其首，菹其骨肉于市。其诽谤詈诅者，又先断舌。谓之具五刑"。[14] 其刑之残酷较之暴秦，毫不逊色。

汉文帝十三年（前167），文帝下诏废除肉刑，历史终于迎来转机。文帝下诏曰："当黥者，髡钳为城旦舂；当劓者，笞三百；当斩左止者，笞五百。"这是中国刑罚史上一次划时代的变革，它标志着曾经甚嚣其上的旧五刑制度走向衰亡，虽然这一过程仍是无比漫长。

第二个阶段是封建制新五刑从形成到衰亡阶段。

文帝废肉刑，为封建新五刑的发展奠定了基础，虽然其后不乏肉刑存废之争论，但总体说来，奴隶制的旧肉刑已日暮西山、穷途末路。随着政治、经济的发展，封建制五刑逐渐发展成熟。北齐和北周时期出现了新五刑的萌芽，北周五刑曰：杖、鞭、徒、流、死。北齐五刑曰：杖、鞭、刑罪、流、死。肉刑基本被剔除干净。

隋唐时期大一统局面的重新建立为新五刑的完备提供了契机。隋《开皇律》正式确立了笞、杖、徒、流、死这种新的五刑体系，这是一种以身体刑和生命刑为主的刑罚体系。"其刑名有五：一曰死刑二，有绞，有斩。二曰流刑三，有一千里、千五百里、二千里。应配者，一千里居作二年，一千五百里居作二年半，二千里居作三年。应住居作者，三流俱役三年。近流加杖一百，一等加三十。三曰徒刑五，有一年、一年半、二年、二年半、三年。四曰杖刑五，自五十至于百。五曰笞刑五，自十至于五十。"[15] 唐承隋制，将此制度发展完备，一直延续至清末。

伴随着封建制度从兴盛走向衰败，封建新五刑制度历时一千多年，也逐渐走向衰亡。唐代以后，宋、元、明、清诸朝皆面临严重内忧外患，阶级矛盾和民族矛盾互相交织，因此中央集权专制更加强化，重刑主义开始抬头，新五刑制度虽被沿用，但一些曾被摒弃的肉刑制度又死灰复燃（如宋朝之刺配法），甚至一些更为严酷的刑杀手段也开始出现，其著例为凌迟刑的广泛应用，宋及以后诸朝，皆将凌迟作为法定刑种，刑罚一度又复归"野蛮"状态。曾经先进的五刑制度越来越僵化落后，逐渐为时代所抛弃。

第三个阶段是近现代新五刑的发展成熟阶段。

近代以降，封建统治摇摇欲坠，封建五刑趋于解体。由于清朝的刑罚制度过于残忍，与西方先进的刑罚理念严重冲突，因此列强要求领事裁判权，公然僭越清朝司法主权。无奈之下，为收回司法主权，清政府不得不变更法律，这就是清末修律。光绪二十六年（1900），八国联军攻陷北京，慈禧携光绪西逃，途中颁布罪己诏，曰："法令不更，锢习不破；欲求振作，当议更张。"表露修法之意图。随后，列强皆以放弃领事裁判权为诱，要求清政府修改法律。

光绪二十八年（1902），清政府任命刑部左侍郎沈家本和驻美大使伍廷芳为"修订法律大臣"，并下令"将一切现行律例，按照交涉情形，参酌各国法律，悉心考订，妥为拟议，务期中外通行，有裨治理，俟修定呈览，候旨颁行"（《大清光绪新法令》）。光绪三十一年（1905），沈家本上奏《删除律例内重法折》，请除旧律之凌迟、枭首、戮尸以及缘坐、刺字等野蛮酷法。得到清政府首肯，光绪随即颁发上谕："嗣后凡死罪，至斩决而止，凌迟及枭首、戮尸三项，著即永远删除。"宣统二年（1910）五月，清政府颁行了《大清现行刑律》，重定刑罚体系，分罚金刑、徒刑、流刑、遣刑、死刑五种，仍部分保留封建五刑体系。宣统二年十二月（1911年1月），清政府又颁布《大清新刑律》，正式废除封建五刑制度，确立近代刑罚体系，将刑罚分主刑和从刑。主刑有罚金刑、拘役刑、有期徒刑、无期徒刑和死刑，从刑有褫夺公权和没收。从此，封建五刑制度被彻底抛弃，以自由刑为中心的近现代新五刑体制开始出现。

清政府覆灭之后，《大清新刑律》所建立的新五刑体系为北洋政府和国民党政府效法。中华人民共和国成立后，于1997年通过的《中华人民共和国刑法》规定，刑罚分为主刑和附加刑，主刑有管制、拘役、有期徒刑、无期徒刑、死刑五类；附加刑有罚金、剥夺政治权利、没收财产三类。以自由刑中心的五刑体系发展定型。

从奴隶制五刑到封建制五刑，再从封建制五刑到近现代五刑，这一过程漫长而艰难。在这一过程中，有两个趋势体现得尤为明显。

其一是从刑罚泛滥到刑罚法定。自从成文刑法产生以来，人们一直希望用法律手段对刑罚加以约束，因此刑名体系一直为历朝法典所重视。但是人治传统决定了对刑罚权的约束和限制不可能真正实现，中国古代盛行的世轻世重刑罚原则就是著例。《尚书·吕刑》说："刑罚世轻世重，惟齐非齐，有伦有要。"刑之轻重要根据形势变化，不能固定，否则即为"齐"，无法适应社会生活的变化，"法有限，而情无穷"。正是这种刑罚思想导致刑罚的泛滥。虽然无论是奴隶五刑制度，还是封建五刑制度都试图对刑罚作出限制，但是在实际中，法外之刑五花八门，以宋朝为例，虽然法典载明五刑，但在五刑之外，还有断食、水淹、黥、掉柴（断薪为杖，抨击手脚）、脑箍（缠绳于首，加以木楔）、夹帮（木索夹犯人脖子）、剖腹、醢、脯、超棍等刑罚。[16]

直到20世纪初，罪刑法定原则的出现才将刑罚权真正限制在法律之下，刑罚法定开始成为现实。1908年颁布的《宪法大纲》规定："臣民非按照法律规定，不加以逮捕、监禁、处罚。"1911年颁行的《大清新刑律》更是明确了罪刑法定原则——"法律无正条者，不问何种行为，不为罪"。刑罚种类亦被限定，国家只能在法律的限度内施加刑罚，不允许法外施刑，也坚决禁止法外造刑。1997年《中华人民共和国刑法》亦是延续此规定，该法第三条规定："法律明文规定为犯罪行为的，依照法律定罪处刑；法律没有明文规定为犯罪行为的，不得定罪处刑。"刑罚权这种曾无限膨胀的利维坦终于被束缚在法律的轨道之下。

其二是从刑罚残忍到刑罚人道。古代刑罚异常残酷，仅死刑方式就有数十种，如《明大诰》不仅有"族诛、凌迟、枭首、腰斩、剥皮、弃市、抽肠"等前代使用过的死刑，而且还自创"挑筋去肠""抽肠洗刷"等酷刑，种种不得好死之法，骇人听闻、令人发指。但是，刑罚日臻文明的历史规律不容抗拒。无论是汉文帝除肉刑，废连坐，隋唐定五刑刑名、废除历代沿用之诸多酷刑，还是清末建立新五刑制度，将死刑执行方式简化统一，人类都一直沿着刑罚人道的路径前行，虽然这一过程无比漫长，不乏波折。从汉文帝十三年（前167）始废肉刑，到隋文帝开皇元年（581）正式确立新五刑，共历七百四十余年，从封建五刑建立到清末近现代五刑制度的确立，凡千余年，人类从野蛮到文明的演进过程可谓荆棘遍布，艰辛无比。

注释:

1. Carl Ludwig von Bar: *A History of Continental Criminal Law*, Rothman Reprints Inc . South Hackensack, New Jersy; New York, 1968, p383.
2. 参见《通典·刑法典》。
3. [法]卢梭:《社会契约论》,何兆武译,商务印书馆,1980年,第46页。
4. [意]贝卡里亚:《论犯罪与刑罚》,黄风译,中国大百科全书出版社,1993年,第8—9页。
5. [日]久礼田益喜:《日本刑法总论》,转引自马克昌:《刑罚通论》,武汉大学出版社,1999年,第23页。
6. [德]康德:《法的形而上学原理》,沈叔平译,商务印书馆,1991年,第165—167页。
7. [德]黑格尔:《法哲学原理》,范扬等译,商务印书馆,1961年,第103页。
8. 参见王觐:《中华刑法观》,中华书局,1933年,第3—4页。
9. 蔡枢衡:《中国刑法史》,中国法制出版社,2005年。
10. 参见《荀子·正论》。
11. 徐进:《古代刑罚与刑具》,山东教育出版社,1989年,第6—7页。
12. [德]黑格尔:《法哲学原理》,范扬等译,商务印书馆,1961,第103页。
13. [英]哈耶克:《自由秩序原理(上)》,邓正来译,三联书店,1997年,第19页。
14. 参见《汉书·刑法志》。
15. 参见《隋书·刑法志》。
16. 龙大轩:《论中华民族的罪刑观念及其历史嬗变》,《贵州民族学院学报》2002年第5期。

第二章

反反复复的肉刑兴废

在刑罚的演进过程中，肉刑是一个必须讨论的问题，肉刑的兴废几乎贯穿刑罚发展的始终，一部刑罚的历史在某种意义上就是肉刑从兴起到废除的过程。

中国古代的刑罚可分为奴隶制旧五刑和封建制新五刑。前者是指墨、劓、刖、宫、大辟。后者是指笞、杖、徒、流、死。旧五刑在汉文帝之前通行，新五刑在隋唐之后通行。

从狭义的角度来说，旧五刑中除了大辟即死刑外，其他四种都叫作肉刑，因为这四种刑罚是对肉体的直接摧残，受刑后无法复原。旧五刑转化为新五刑的一个标志性事件就是汉初文帝废肉刑，以笞、徒取代了长期存在的墨、劓、刖三种肉刑，这在刑罚史上具有划时代的意义，是刑罚从野蛮、残酷逐步迈向文明、人道的里程碑。然而文帝废除肉刑后，肉刑又几经反复，直到清末才被彻底废除。从广义的角度来说，笞刑、杖刑也是对身体的折磨和摧残，也可视为肉刑的范畴。这种肉刑在清末刑法改制中才被废除，它是刑罚史上又一个划时代的事件，标志着传统刑罚向近现代刑罚的转变。从更广义的角度来说，死刑，这种剥夺人之生命的刑罚何尝不是更为残忍的肉刑。

一、肉刑纵览

为了讨论的方便，本章只介绍狭义的肉刑，即对身体造成不可恢复的伤害的肉刑，主要是旧五刑中的墨、劓、刖、宫。

1．墨刑

墨刑又称黥面、黔面，是在人身体上（主要是脸上）刺字，然后涂上墨汁等颜料，待墨汁浸入血肉，皮肤变色，伤口愈合之后所刺之字也就成为永久的耻辱记号，所谓"墨，黥也。先刻其面，以墨窒之。言刻额为疮，以墨窒疮孔，令变色也"。[1]最初，墨刑是在人额头上刺墨，刺在面的上部，所以墨刑又叫天刑，后来才在人的脸面上刺墨，也就是黥，只不过后来人们对墨与黥不再区分，一律统称为墨刑。古有"中刑用刀锯，其次用钻凿"之说，钻是断人足膑的刑具，而凿就是实施墨刑的工具，后世墨刑工具才改为针刺。在人的面部刺字，犯人在受刑时的疼痛可想而知。有时伤口感染，黥面甚至会危及生命。然而在旧五刑中，墨刑仍属于最轻微的刑罚，但是它毁人容颜，给人留下终生无法抹去的耻辱痕迹，其痛苦当是不言而喻。

墨刑自尧舜时开始兴起，到了夏朝时处以墨刑的罪名竟达上千种，所谓"夏墨辟千"。[2]商周时期，墨刑也被广泛适用，当时所谓微小的犯罪都可以被处以墨刑，因此《尚书·吕刑》说："墨罚之属千"。春秋战国时期，墨刑得到进一步发展，在古籍中有大量留名留姓的受刑之人。如商鞅变法之时，太子触犯新法，为了维护新法的尊严，商鞅将太子的老师公孙贾处以墨刑，让太子之师脸上带着记号行走于朝廷，其威慑效果可想而知，史书说一时之间，"秦人皆趋令"。

秦朝时，墨刑又有新的发展，这主要是作为与劳役刑相结合的附加刑。如黥为城旦，黥为隶妾等，这都是在处以劳役刑的同时施加墨刑。其实在西周时期，就有将墨刑犯人充当劳力的先例，当时，奴隶主常把墨刑犯人充作守门人，即"墨者使守门"。因为这些人的脸上有记号，没法逃跑，而且四肢健全，不影响劳动。到了秦朝时，这种举措就成为一种固定的惩罚形式。

秦始皇三十四年（前213），丞相李斯奏请焚烧《诗》《书》等儒家书籍，规定说，如果命令下达之后三十天内不烧者，要"黥为城旦"。犯人不仅要承担修护城墙的苦役（城旦），而且还要被刺字羞辱。汉初名将英布就受过这种刑罚，在受黥之后，发配骊山，所以有人讥称其为"故骊山之徒"。据说英布少年时曾有一相士为其算命，说他"当刑而王"，也就是受了肉刑后就可以成王了。英布成年后，果然犯法被罚，并欣然受黥，后来参加秦末起义，还真被封为淮南王。不过功高震主，英布后为刘邦所杀。因此为其作传的司马迁和班固都称其为"黥布"，而舍其大名"英布"不用。

由于墨刑具有不可逆转性，一旦受刑，终身难以为人，不符合儒家教化为先的原则，公元前167年，汉文帝刘恒下诏废除肉刑，墨刑首当其冲，黥面之刑被改为"髡钳为城旦舂"。受刑之人不再刺字，改为男子剃去头发胡须并以锁束项，去做为期五年的"城旦"苦役，女子则做五年的舂米的苦役。此后直至汉末，墨刑都没再实行。但其中有个小小的插曲，据《匈奴传》记载：西汉王乌出使匈奴之时，匈奴曾有规定，汉朝的使节如果不墨黥其面，不得进入单于所居住的穹庐。王乌从大局出发，只能顺从匈奴的规矩，"黥面入庐"。单于大喜，并欣然许诺让太子到汉朝作人质，求与汉和亲。

当然有人认为，史书的记载并不一定准确，匈奴也许没有墨刑之俗，王乌最多不过是以墨涂面，象征性黥面，而非真的用刀刻其脸，这和墨刑有本质的区别。[3]

两晋南北朝时期，一度被废的墨刑又被恢复，而且有非常细琐的讲究。当时的法律规定，奴婢若逃亡，抓回来之后要用墨和铜青色的颜料在两眼上方刺字；如果再逃跑，就要在两颊上刺；第三次逃跑，则黥两眼下方。每次黥脸，都要使黥痕长一寸五分，宽五分。南朝泰始四年（468），宋明帝也下诏恢复墨刑和刖刑，规定对那些犯劫窃官仗、伤害吏人等罪者依律当斩之人，如遇赦令，改为在犯人两颊黥上"劫"字，同时割断两脚筋，发配边远军州。如果说秦汉以前的墨刑或者是作为主刑使用，或者是作为城旦等劳役刑的附加刑，那么南朝的墨刖之刑显然是将墨、刖、流三刑并用，其残忍性大为提升。

隋唐时期，墨刑再次被废，但到五代十国期间，墨刑又被恢复，当时为了防止士兵逃亡，便于捉捕，许多兵卒脸上都被刺字，被称为"黥面天子"的后周皇帝郭威在年轻时就曾受过墨刑。

北宋的刺配之法是对墨刑更大范围的恢复。在汉文帝废除肉刑之后，流刑逐渐发展为生死之间的中刑，但是其惩罚力度随着时代的发展已逐渐降低，很难拉开死刑与徒刑之间的距离，实现降死一等的目的，因此北宋统治者在流刑的基础上附加黥面，从此刺配之刑正式进入新五刑之中，一直延续到清末。[4] 刺配法的广泛适用导致黥面的刑具大有改进，当时的墨刑已一律改用针刺，因而又称为黥刺。宋代黥刑适用很广，流、徒、杖刑都可以附加黥刑，特别流刑（加役流）则必须附加黥面，同时还要先行杖决，所以明人邱濬说这是"一人之身，一事之犯，而兼受三刑"，其残忍性可想而知。

宋朝的黥面非常讲究，有刺面、刺额角和刺耳后的区别。刺墨的花纹也不相同，有的刺字，有的刺其他图形。对犯一般盗罪的，在耳后刺环形；对强盗罪，在额头上刺"强盗"二字；对应当受徒、流刑的刺方形，受杖刑者刺圆。刺墨的深度也有区分，一般是根据所发配地区的远近而定：配本城的刺四分，配牢城的刺五分，配沙门岛和远恶州军的刺七分。[5]

所刺之字必须依照律条的规定，官员不得任意刺字。当时有个笑话，说是有个叫陈东的在苏州做官时，曾命属下对一名处以充军发配的犯人进行墨刑，刺上"特刺配"三字。幕僚见后说："凡刺'特'字的犯人，罪行远远重于此犯，'特'字的使用权在朝廷，我们小小苏州府使不得呐！"陈东随即纠正，命属下改"特刺"为"准条"（即依据律令条文），重新刺刻。后来，有人向朝廷推荐陈东的才干时，朝廷某官问道："莫非是在人脸上起草稿的那个陈东吗？"

到南宋孝宗时，到处充斥被刺配之人，全国各郡监牢达数十万人。正如"城旦黥"为秦末起义提供了源源不断的生力军，刺配之刑也埋下了大宋王朝覆灭的伏笔，《水浒传》中被逼上梁山的八十万禁军教头豹子头林冲、及时雨宋江、打虎英雄武松岂不都是刺配之人？

受宋法的影响，辽代刑法也有黥刺。起初所黥部位和北宋相似，但后来有人认为这种做法太过严厉，是犯一罪而具三刑，应予废除。重熙二年（1033）辽兴宗耶律宗真大发慈悲，下诏曰："犯罪而悔过自新者，亦有可用之人，一黥其面，终身为辱，朕甚悯焉。"于是墨刑有所变化，犯人的脸面不再受黥，而改刺颈项和手臂。对判为徒刑之人，改刺在颈部。奴婢私自逃走被抓回，如果同时盗窃主人财物，主人也不得黥刺其面，只能刺其颈或臂上。犯盗窃罪的，初犯刺右臂，再犯刺左臂，第三次犯刺脖颈的右侧，第四次犯刺脖颈的左侧，如果第五次犯则要被处死。

元代的墨刑更加普遍，在法律中已不是规定什么行为处墨刑，而是反过来规定什么情况可以免刺。由于元代刺刑太多，以至于很多人一刺再刺，还有些人则想方设法要把刺痕抹掉。但是统治者还是有办法刺上加刺，法律规定，犯罪被刺字之人把所刺之字自行除掉又犯新罪的，补刺；已被刺臂之人把整个胳膊都刺上花纹，以掩盖原刺的，如果再犯盗窃，于背部刺之；累犯盗窃，左右项、臂部都已刺字而又犯的，于项下空处刺。但是，为了体现对蒙古人的特殊优待，法律规定蒙古人犯罪，不得刺字，另外由于妇女的容貌对其至关重要，因此妇人犯罪也可免刺。

明代的黥刑和宋元基本相似。对于盗窃犯，初犯者要在右小臂上刺"盗窃"二字，再犯者刺左小臂，第三次犯者要处以绞刑。对于白天抢劫的，要在右小臂上刺"抢夺"二字，如果再犯抢夺，要在右小臂上重刺。刺字之人如果擅除原刺的，还要被补刺。清代的黥刑主要施用于奴婢逃跑，而且常和鞭刑并用，称为鞭刺，后对盗窃犯也可适用黥刑，两者的区别在于前者是在面上刺字，后者是刺在臂上。康熙初年曾有过改革，对于逃亡的奴婢不再面部刺字，只和盗窃罪一样刺小臂。后来又恢复以往的规定，理由是如果逃亡者刺小臂，逃亡者会越来越多，无法稽查，因此仍旧改为刺面。到了清末，黥刑终于走到尽头，被彻底废除。

2．劓刑

《战国策》中有个故事，说的是劓美人郑袖固宠。郑袖是楚怀王的宠妃，生性妒忌多疑。一次魏王给楚王送了一位美人，楚王非常高兴，这当然让郑袖恨得咬牙切齿。但是怀王喜欢美人，郑袖也不能乱来，一哭二闹三上吊这种没有技术含量的争风吃醋估计会让楚王更加反感，于是郑袖假装逢迎美人，把好吃的，好玩的，好穿的，全都送给了美人，对美人的关心爱护怀王也自叹弗如。不仅是美人，就连楚王也大为感动，说："妇人所以事夫者，色也；而妒者，其情也。今郑袖知寡人之说新人也，其爱之甚于寡人，此孝子之所以事亲、忠臣之所以事君也。"消除了楚王的顾虑和美人的戒心后，郑袖开始像老大姐一样和这位初来乍到的美人交心："大王可喜欢你啦，只是你的鼻子不太好看，大王不太喜欢。今后你见大王时，应该把鼻子捂住，这样大王就会更喜欢你了。"美人信以为真，就照着郑袖的嘱咐去做。楚王觉着奇怪，就问郑袖："夫新人见寡人，则掩其鼻，何也？"郑袖回答道："她嫌弃大王口臭啊。"怀王大怒，于是下令割掉美人的鼻子。[6]

楚王对美人所施用的刑罚就是劓刑了，也就是将人鼻子割掉的一种刑罚。想象一下，美人鼻子被割，从此人不像人，鬼不像鬼，这可比杀了她还残忍。

劓刑是我国古代最早的五刑之一，"五刑，截鼻为劓，故劓为割"。[7]根据《尚书》的记载，远在夏朝初期劓刑就已出现，《周礼·司刑》说"夏劓千"。商周时期，劓刑也曾广泛适用，商王盘庚迁殷时，曾严厉警告他的臣民："乃有不善不道之人颠陨逾越不恭上命者，及暂时所遇为奸为宄掠行道者，我小则加以劓，大则殄灭之。"（《尚书·盘庚·蔡传》）意思是对那些不服从命令，为奸邪之事的人，过错小的要处割鼻之刑，过错大的则要处死。周初"劓罪五百"，劓刑是作为重于墨刑，轻于宫刑的一种肉刑使用。西周中期，周穆王进行改革，将劓刑的适用范围增至千条。由于法网繁密，人们动辄得咎，许多人都被割鼻受刑。人没了鼻子，面貌自然丑陋不堪，统治者于是"废物利用"，"以貌丑远之"，将他们派往边关守卫，也就是所谓的"劓者使守关"。当时距京师五百里之外的三关有十二座关门，都是受劓刑的人把守。

春秋战国时期，劓刑仍被沿用。《左传·昭公十三年》记载，春秋末楚灵王荒淫无道，公子比推翻灵王时，大将观从在前线向楚灵王随从人员宣布"先归复所，后者劓"，对于不归顺者处割鼻之刑。秦孝公时，商鞅推行新法，遭到太子驷的师傅公子虔、公孙贾为代表的旧势力的反对，新法颁布不久，他们教唆太子犯法，为此公孙贾被黥面受罚。后来，公子虔再次触犯新法，商鞅一不做，二不休，下令将公子虔处劓刑。[8]

劓刑在当时也曾广泛作为惩罚士兵的刑罚。《商君书·境内》记载，当时秦国规定，凡攻城之战，兵士如"不能死之，千人环，规谏，黥劓于城下"。严厉的军纪造就了秦国的虎狼之师。不过物极必反，劓刑的残酷有时反而会大大加强对手的斗志，搬石头砸自己的脚。《史记·田单列传》就记载了这样一个故事，当时齐国和燕国交战。燕兵进犯齐国，齐国力弱，危如累卵，守将田单于是放出风声："吾唯惧燕军之劓所得齐卒。"燕人不知是计，果然将齐国俘虏全都处以劓刑。城中的齐兵看到燕军中的齐军俘虏都成了没有鼻子的人，非常愤怒，于是斗志倍增，田单借势大败燕兵。

春秋战国受劓刑的人实在太多，鼻子被割，就和黥面一样，无法恢复，无法掩盖，受刑之人很难在当地生活下去，于是很多人结伙逃到边远夷人居住之地。夷人看到这些脸上刺着字，鼻子也没有的人就感到奇怪了，人怎么会长成这样啊？这些人于是欺骗夷人说"中国之人皆墨劓为俗"，割掉鼻子，脸上刺上花纹是一种风俗，我们那边的人都这样。夷人恍然大悟，由于非常仰慕中原文化，于是竞相效仿，纷纷割去鼻子，脸上刺上花纹，结果在夷人那里还真形成了相对固定的风俗习惯。以至于很久以后，某些地区的少数民族还保留墨劓的习俗，[9]上文提到的王乌黥面觐见匈奴单于，不知是否与这有关。

又据《后汉书·西羌传》，羌族"披发左衽"的披发风俗也与劓刑有关。战国时期，西边的少数民族统称为戎，其中就包括羌族，也即羌戎。为了争夺领土，西边的戎屡受列国侵扰，秦惠王对戎更是赶尽杀绝，将秦国的最后的一部分戎也绞杀殆尽，所谓"自是中国无戎寇"。眼看着戎族就要遭受灭顶之灾，一个叫爰剑的羌人从秦国逃跑，在逃亡途中，爰剑碰到了一位少女，少女将其藏在岩洞。秦兵发现后放火焚烧山洞，但火总是烧不进去，秦兵以为有神明相助，于是纷纷逃跑。爰剑很感激这位少女，就和她结为夫妇，一起逃往三河地区（今青海、甘肃一带湟水、洮河、黄河三河交汇处），纠集残余族人重新聚居在一起。爰剑还将在秦国当奴隶时学会的种田和畜牧的技术教给族人，由此羌族慢慢强盛起来，到西汉时已发展成一个非常强大的民族。与爰剑婚配的少女受过劓刑，对此一直耿耿于怀，总是把头发打散铺在脸上以遮挡丑貌，羌族人为了尊敬她，不论男女老少都将头发打散披在脸上并逐渐形成一种风俗。

黥劓之刑的广泛适用，也在客观上发展了当时的医疗技术。有个叫作救黥医劓的成语，源自《庄子·大宗师》："庸讵知夫造物者之不息我黥而补我劓，使我乘成以随先生邪？"意思是医治刺面之伤，补上割掉之鼻，后来延伸为恢复本来面目，不知道这是不是最早的美容技术。

秦灭六国之后，劓刑更是家常便饭，而且还有新的发展。根据

26

考古发现的秦代法律条文，当时的劓刑既可以作为主刑单独使用，也可以作为附加刑和其他刑罚并合使用。最经常的是劓刑、墨刑和劳役刑同时使用。

如《睡虎地秦墓竹简·法律答问》记载："不盈五人，盗过六百六十钱，黥劓以为城旦。""当黥城旦而以完城旦诬人，何论？当黥劓。"就是将劓刑和墨刑两种肉刑作为城旦的附加刑并合使用。在《封诊式》中也有一份请求官府对家奴施加劓刑的记录文书，说是"某里公士甲缚诣大女子丙，告曰：某里五大夫乙家吏。丙，乙妾殹。乙使甲曰：丙悍，谒黥劓丙"。翻译成今文就是某里公士甲捆送大女子丙，控告说：本人是某里五大夫乙的家吏，丙是乙的婢女，乙派甲来说：丙强悍，请求对丙施加黥劓。仅仅因为女奴强悍，不够温顺，就要割掉她的鼻子，这刑罚也真够残忍的。有秦一朝，被判劓刑之人不计其数，相传，秦始皇曾将俘获的六国军士和百姓都割鼻惩处，一时之间没有鼻子的人比有鼻子的人还多，以至于人们以无为正常，有鼻反而觉得丑了。

鉴于劓刑的残酷，汉文帝十三年（前167），刘恒下诏废除肉刑，改劓刑为笞三百，景帝时又改为笞二百。从此，作为一种正式的刑罚，劓刑被废止。但是后世仍有人从历史的垃圾桶里将其捡起。南朝梁时，曾用劓刑取代某些死刑，后来在天监十四年（515），梁武帝萧衍下诏："世轻世重，随时约法，前以劓墨，用代重辟，犹念改悔，其路已壅，并可省除。"劓刑再次被废，同时被废的还有墨刑。

此后，在正式的刑罚中，只有一些少数民族治下的地区才存在劓刑，如唐代的吐蕃就曾广泛存在劓刑，两宋年间的金国也规定，对于犯重罪的赎刑者，要割掉鼻子或耳朵，以别于一般平民。[10] 元朝时，元顺帝也曾下诏："盗牛马者刖；盗驴骡者黥额，再犯刖；盗羊豕者墨项，再犯黥，三犯刖；刖后再犯者死。"其他朝代则鲜见刖刑的适用，但是在非正式的刑罚中，刖刑却被一再拾掇。

3．刖刑

刖刑是一种断足的酷刑，有一个叫作"屦贱踊贵"的典故就与刖刑有关。

春秋时期的齐国有一位著名的贤臣晏婴，他曾辅佐齐国三位君主，齐灵公、庄公和景公，深知民间疾苦，体恤民众，经常劝谏君主要为政俭约，宽刑减赋，对齐国政局的稳定，经济的发展起到非常重要的作用。景公在位之初，好用严刑苛政，一时受刑之人非常之多，百姓苦不堪言。晏婴看在眼中，急在心里，但是又不好直接向景公谏言。有一次，齐景公看到晏婴的住所离市场很近，十分嘈杂，想要给晏婴换个安静的地方。晏婴婉言谢绝，说："先人住在这里，我不足以承继祖业，住在这里已经很过分了，而且住在市场附近，早晚能够从市场得到所需要的东西，这非常方便，不敢麻烦君上为我建造新宅。"景公于是问他："你在市场旁居住，那市场上什么东西贵什么东西贱啊？"晏婴回答说："屦贱踊贵。"[11]屦就是鞋子，而踊是"刖足者之屦"，是一种假足。晏婴的意思显然是在讥讽景公的严刑政策，造成受刖刑的人太多，人们不得不去买假脚戴上，以致假脚反而比鞋都贵。景公听后，马上醒悟，下令减轻刑罚。

刖刑，又称剕刑，是旧五刑中重于劓刑而轻于宫刑的一种肉刑。尧舜时期，刖刑就曾存在；夏商时，刖刑已被广泛使用。到了周代，刖刑就更普遍了，《周礼》说"刖罪五百"就是明证。

春秋战国时期，刖刑的适用见诸各种史籍文献。《孔子家语》记载：孔子的学生季羔曾经是卫国的士师（法官），曾判人刖足之刑。后来卫国发生蒯聩之乱，季羔欲逃走，到了城门，却狭路相逢，遇上当时的刖足之人。可是奇怪的是，那人居然"以德报怨"，再三帮助季羔逃亡。季羔就纳闷了，问道："吾不能亏主之法而亲刖子之足矣，今吾在难，此正子之报怨之时，而逃我者三，何故哉？"那人回答道："断足固我之罪，无可奈何，曩者君治臣以法令，先人后臣，欲臣之免也，臣知狱决罪定，临当论刑，君愀然不乐，见君颜色，臣又知之，君岂私臣哉？天生君子，其道固然，此臣之所以悦君也。"意思是说受刖足之刑，是我罪有应得。可是，当初您审案之时，先判别人后判我，我知道您是想免除我的刑罚。到了判决已定，你的表情很不高兴，我知道您不是出于私情来袒护我这个毫不相干的人，因为您本来就是仁义君子，在处理案件时总要表现出仁慈的心性。这就是我要救您的原因。季羔与刖者的故事可以作为古人法治观念的一个特例，可见刖者心甘情愿地接受断足之刑，也可从一个侧面印证当时刖刑的普遍。

　　《韩非子》中和氏璧的故事为国人所熟知，但这更是一个与刖刑有关的悲惨故事。

　　"楚人和氏得玉璞楚山中，奉而献之厉王。厉王使玉人相之。玉人曰：'石也。'王以和为诳，而刖其左足。及厉王薨，武王即位，和又奉其璞而献之武王。武王使玉人相之，又曰：'石也。'王又以和为诳，而刖其右足。武王薨，文王即位，和乃抱其璞而哭于楚山之下，三日三夜，泣尽而继之以血。王闻之，使人问其故，曰：'天下之刖者多矣，子奚哭之悲也？'和曰：'吾非悲刖也，悲夫宝玉而题之以石，贞士而名之以诳，此吾所以悲也。'王乃使玉人理其璞而得宝焉，遂命曰'和氏之璧'。"为了巴结君王，卞和献上宝玉，可惜两任楚王都不识货，先是刖左足，后是刖右足，可卞和还是不死心，抱着玉璞大哭三天三夜，涕泪泣血感动了第三任楚王，收下了他的宝贝。

有人说卞和是玉痴，为了玉被人赏识，断胳膊断腿也在所不惜，但在更深的层面上，和氏璧的故事何尝不是将国人千百年来对于权势的极度渴望、媚从，以及把那根深蒂固的奴妾臣仆文化体现得淋漓尽致呢？玉的品质、人的才干又何需权贵认可呢？有意思的是，这块当时让楚王不屑一顾的石头后来竟成为最高权力的象征并见证了政权的迭替兴亡。和氏璧后来成为楚国的镇国之宝。楚国衰落后，和氏璧落到赵惠王手中，而秦国昭襄王也想得到这块玉，诈称"愿以十五座城"换和氏璧，亏是赵将蔺相如"人与玉石俱亡"的坚决态度使得"完璧归赵"。但后来秦灭六国，赵王乖乖地将和氏璧奉上，秦国宰相李斯在和氏璧上刻上"受命于天，既寿永昌"八个篆字，从此和氏璧就成为皇帝的玉玺，成为封建帝王权力的象征。

和墨刑、劓刑一样，刖刑的受刑人也还有一定的利用价值，断足之人虽不能像常人那样行走自如，但是看看门，驱驱兽还是可以的，所谓"刖足使守囿""断足驱卫禽兽，无急行"是也。[12] 不过刖刑的受刑人终身拖着残腿，无法掩盖犯罪记录，其社会地位之卑贱可想而知。不过卑贱之人也并非毫无用处，有时看不起他们反而会招致杀身之祸。

《韩非子·内储说下》就记载了这样一个故事：齐国有一位叫夷射的大臣，有一次，赴齐王的酒宴喝醉了，出了庭院，就倚靠在廊门。门房前来跪着请求：大人啊！不是还有剩酒吗？请赐予在下吧！夷射一看，门房是受过刑只剩一条腿的人，于是，夷射说道：走开，受过刑的人，还敢向上讨酒喝！门房等到夷射离开后，他就在门廊下洒水，弄成有人在此小便过的样子。第二天早上，齐王走过庭院的时候，看到这个景象，于是厉声问道：是谁居然在这里小便？门房答道：我没有看见，不过昨天夷射大夫在这里站过。于是齐王将夷射处以死罪。人必自辱之然后人皆辱之，尊重别人也就是尊重自己，夷射的下场值得世人警醒。

与刖刑相似的一种刑罚叫作膑刑，《尚书刑德放》说："膑者，脱去人之膑也。"膑是人的膝盖骨，将膝盖骨剜掉也就是膑刑了。一般认为，膑刑比刖刑更严苛，因为去掉膝盖骨后，大腿小腿之间失去了保护，小腿虽有如无，只能吊在下面，如秋千一样摇来晃去，无法控制，也就无法行走了。而刖刑的受刑人虽然被断足，但是戴上假肢（踊）后还是可以行走的，要不刖刑之人怎么能守门呢？所以在古代的文献中认为膑刑是四种肉刑中最重的一种刑罚，比去掉生殖器的宫刑还要残酷，但是刖刑则是一种次于宫刑的肉刑。膑刑后来逐渐被刖刑取代，在某种意义上也符合刑罚从野蛮走向文明的趋势。

战国时著名军事家孙膑就曾受过膑刑。孙膑本名失传，就像英布受墨刑后被改称黥布一样，孙膑受刑之后才改为孙膑。据《史记》记载，孙膑是孙武后代，受祖先影响，他对兵法非常感兴趣，而且颇有造诣，而他同学庞涓则对兵法一知半解，浅尝辄止，后来庞涓到魏国任职，他自知才学远不如孙膑，生怕孙膑日后会超过自己，便设计陷害孙膑。庞涓先是客客气气把孙膑请到魏国来，然后诬陷孙膑，"以法刑断其两足而黥之"。孙膑虽受此奇耻大辱，但并未消极厌世，暂时不顺反而让他发愤图强。后孙膑被齐威王请去委以重任，齐魏交兵之时，孙膑大败庞涓，终成一代兵法宗师，所谓"孙子膑脚，《兵法》修列"说的就是此事。

战国秦汉时期，刖刑也称斩止（通"趾"）。当时的斩止分为斩右止和斩左止，就刑罚强度而言，古人以右为上左为下，所以斩右止为重，楚国卞和就是被先刖左足，后刖右足。秦灭六国之后，刖刑的适用更是普遍，它往往和墨刑、劓刑等肉刑结合起来作为劳役刑的附加刑。如秦律规定：五人共同偷盗，得钱一文以上，就要处斩左止，并黥为城旦。汉代人桓宽在《盐铁论·诏圣》也指出秦时"劓鼻盈蔂，断足盈车，举河以西，不足以受天下之徒"。正是如此严酷的刑罚才让秦朝迅速走向灭亡。

公元前167年，西汉文帝刘恒下诏废除肉刑，将原斩左趾，改为"笞五百"，斩右趾改为弃市。景帝时，又将"笞五百"改为"笞三百"，后又减为"笞二百"。武帝时，又创造了一种釱刑，对于某些刖刑之罪，用釱左趾代替斩脚趾的刑罚。釱是一种铁制刑具，重六斤，套在犯人的左趾上。如《史记·平准书》记载：敢私铸铁器煮盐者，釱左趾。这种代替刖刑的釱刑一直沿用到三国曹魏时期。[13]

自文帝废除刖刑以来，断足酷刑就很少在正式的刑罚中出现，不过历史也时有反复，南北朝时期，断足之刑曾一度恢复，而且比传统的刖刑更为残忍，具体施行方法叫作"断脚筋"。《南史·宋明帝记》记载：泰始四年（468），宋明帝刘彧下诏恢复黥刖之刑，"凡劫窃执官仗、拒战逻司、攻剽亭寺及伤害吏人，并监司将吏自为劫，皆不限人数，悉依旧制斩刑。若遇赦，黥及两颊'劫'字，断去两脚筋，徙付交、梁、宁州"。断脚筋比一般的刖刑更加残酷，所以有人说它与古之刖名异而实同。明帝死后，此刑就被废除。

唐初刖刑也曾短暂存在，太宗李世民在位之初，长孙无忌、房玄龄等人修订刑法时，曾将应处以绞刑的五十条罪状都免死改为断右趾。后来太宗又觉得此法不妥,对侍臣们说:"肉刑,前代除之久矣,今复断人趾,吾不忍也。"经过反复论证,终于废除断趾之刑,将之改为加役流三千里,附加劳役二年。

4．宫刑

"古者富贵而名摩灭,不可胜记,唯俶傥非常之人称焉。盖西伯拘而演《周易》;仲尼厄而作《春秋》;屈原放逐,乃赋《离骚》;左丘失明,厥有《国语》;孙子膑脚,《兵法》修列;不韦迁蜀,世传《吕览》;韩非囚秦,《说难》《孤愤》。《诗》三百篇,大抵圣贤发愤之所为作也。"这段激人奋发向上的千古名言就是司马迁惨遭宫刑后的自勉之辞。

天汉三年(前98),正当司马迁埋头著述《史记》的工作进入高潮,"草创未就"之时,突遭飞来横祸。当时大将李陵率五千人马长驱大漠与匈奴数万骁骑一战再战,终因寡不敌众,战败被俘。武帝闻李陵被俘震怒不已,群臣也多交口非议李陵卖主求荣以抚慰武帝不快。唯有与李陵并无深交,且在职分上与之毫无关系的司马迁愤于人心的凶险丑恶挺身为之辩护,触犯武帝。武帝认为司马迁讥讽自己指挥无方、调度失策、诽谤贰师(为武帝宠妃李夫人的哥哥李广利),于是将其处以宫刑。

对于司马迁这位将名节看得比性命重得多的高古之士,宫刑无疑是对他的最大羞辱,"太上不辱先,其次不辱身,其次不辱理色,其次不辱辞令,其次诎体受辱,其次易服受辱,其次关木索被箠楚受辱,其次鬀毛发婴金铁受辱,其次毁肌肤断支体受辱,最下腐刑,极矣"。在《报任安书》中,司马迁一气排列了十种耻辱,而最耻辱的就是宫刑。"是以肠一日而九回,居则忽忽若有所亡,出则不知所如往。每念斯耻，汗未尝不发背沾衣也。"如此的痛苦，让司马迁不止一次地想到了自杀，"仆虽怯懦，欲苟活，亦颇识去就之分矣，何至自湛溺缧绁之辱哉！且夫臧获婢妾，犹能引决，况若仆之不得已乎？"奴仆婢女面对羞辱尚且赴死，何况司马迁这位堂堂的士大夫呢？但是"人固有一死，死有重于泰山，或轻于鸿毛"，如果轻易地选择死亡，"若九牛亡一毛，与蝼蚁何异？"司马迁终于选择了生，从此，司马迁忍受着"刑余之人"的极大痛苦，发奋著书，"述往事，思来者"，终于成就了《史记》这部千古巨著。

宫刑，是破坏人生殖器官的酷刑，是旧五刑中仅次于死刑的一种重刑。古人普遍存在生殖器崇拜，这种崇拜逐渐演化为祖先崇拜和子孙观念。在古人看来，生殖器的价值仅次于头颅。从近些年的考古发掘中发现，古人在入葬时，往往头上戴面具，阴部有护阴盖片，这是因为古人认为头和生殖器是人体的两个最重要的部位，死后还要加以保护。受过宫刑的人，生殖器被破坏，失去了性交能力和生殖能力，从而断子绝孙，这在重视子嗣和香火延续的古代中国确实是一种异常残酷的刑罚。

宫者，男子割势，妇人幽闭，它是阉割男子生殖器、破坏女子生殖机能的一种肉刑。宫刑又称蚕室、腐刑、阴刑。受宫刑之人由于怕风寒伤口感染，须在严密而温暖的房间待上数月，这种房间和养蚕的房屋很相似，所以称之为蚕室；宫刑又称腐刑，有两种说法，一说是指受宫刑之后，人若腐木朽株，有杆但不能结实（生育），另一种说法是指受刑之后伤口腐烂恶臭，故曰腐刑；宫刑还称阴刑，这是因为该刑是对人的阴部施加刑罚。男子宫刑为去势，一般理解是将阴茎连根割去，但据古籍记载，也有破坏阴囊与睾丸者。如《韵会》一书云："外肾为势。"宫刑，男子割势。外肾是指阴囊和睾丸，破坏了它，人的性腺即不再发育，阴茎不能勃起，从而丧失了性能力。让这些人充当宫廷的仆役，皇家的血统问题显然是有保障的。

古代的宫刑也适用于女性，这称为"幽闭"。关于"幽闭"，有多种理解。一种认为"幽闭"是将女子关起来，不让她和外人接触，如班固《白虎通·五刑》就认为"宫者，女子淫，执置宫中，不得出也"。但是这种理解很难让人信服，因为它与女子的生殖机能并无关系，只是一种简单的关禁闭。

另一种理解认为是把女子的阴户缝起来，防止与男性发生性关系。清人褚人获《坚瓠集》就有关于这种刑罚的记载："捣蒜纳婢阴中，而以绳缝之"，或"以锥钻其阴而锁之，弃其钥匙于井"等。

还有一种理解认为"幽闭"就是椓刑，就是用木棒之类的东西敲打女子下腹部，人为地造成的子宫脱垂，使之不能交接及孕育。持这种观点的代表人物是褚人获，在其《坚瓠集》续集卷四"妇人幽闭条"引明人王兆云《碣石剩谈》说："妇人椓窍，'椓'字出《吕刑》……男子去势，妇女幽闭是也……椓窍之法，用木槌击妇人胸腹，即有一物坠而掩闭其牝户，止能溺便，而人道永废矣，是幽闭之说也。今妇人有患阴颓病者，亦有物闭之，甚则露出于外，谓之颓葫芦，终身与夫异榻。"鲁迅也基本赞同这种观点，在《病后杂谈》一文中他就指出："向来不大有人提起那方法，但总之，是决非将她关起来，或者将它缝起来。近时好像被我查出一点大概来了，那办法的凶恶，妥当，而又合乎解剖学，真使我不得不吃惊。"第四种理解认为"幽闭"是挖掉女子生殖器官，王夫之就采此说，认为这种刑罚是"牝剔去其筋，如制马豕之类，使欲心消灭"。第五种理解认为幽闭是将女子阴部打烂，伤愈之后长成粘连板结的一块，防止与男性交接。

　　宫刑早在尧舜时就已存在，《舜典》曰："五刑有宫。"到夏禹时宫刑成为一种正式刑罚，《汉书·刑法志》曰："禹承尧舜之后，自以德衰，而制肉刑"。其中就包括宫刑。宫刑开始是惩罚那些有淫乱行为的人，所谓"男女不以义交者，其刑宫"（《尚书》孔疏），显然宫刑最初是为了维护一夫一妻这种新的婚姻形式，保证血统继承的纯粹性，这在人类的婚姻制度刚刚跨入文明门槛的当时具有一定的积极意义，但是后来宫刑的适用就与淫乱行为没有关系了，逐渐演化为一种帝王巩固统治，滥施惩罚、镇压民众的一种残酷手段。

　　宫刑在西周时期有过重大发展。首先是它在旧五刑中地位的变化。周初，宫刑排在五刑的第三位，次于死刑和膑刑。因为膑刑之人，失去膝盖骨后，便不能直立行走，而受宫刑者坐卧行走不受影响，因此宫刑较之膑刑为轻。但周穆王将膑刑废除，代之以刖刑，刖刑虽断人足，但是受刑之人穿上踊甚至不穿踊都还可以行走。同时，西周中期，正值奴隶制度向封建制度过渡之时，人们的宗法观念和家族意识的日益抬头，绝人后代的宫刑自然比无足却能行人道（有性机能）的刖刑要严厉得多，宫刑自然升格为仅次于死刑的重刑。其次是髡刑的出现。西周时期，"宫罚之属三百"，宫刑条文非常之多。但由于"刑不上大夫"观念的影响，髡刑也就应运而生。西周时规定："公族无宫刑。"意思是说，贵族犯了罪，不能判处宫刑，原因是为了"不翦其类也"，即不让他的家族断绝后代。贵族们犯了罪该处以宫刑者，用髡刑代替，对应受宫刑的贵族或公族给予优待，用剃去头发和胡须的方式来象征性地执行宫刑。[14] 因为男子受了宫刑以后，引起生理的变化，不再生胡须，因此剃去发须也就有了特别的意义。[15]

秦朝的宫刑令人瞠目结舌。《列子·说符》载有人曾劝秦王以仁义治国，秦王处以宫刑，罪名是"若用仁义治吾国，是灭亡之道"。又据《史记·秦始皇本纪》记载：秦始皇为了修建阿房宫和骊山陵，用了70万受过宫刑的罪犯。如此登峰造极广泛使用宫刑在历朝历代实属罕见。

汉文帝时废除肉刑，其中就包括废除宫刑。但过了不久，景帝中元四年（前146）又恢复宫刑。《汉书·景帝纪》云："赦徒作阳陵者，死罪欲腐者许之。"宫刑最初是作为死刑的替代刑，后来也成为皇帝临时决定使用的一种独立刑罚。这在汉武帝时最为突出，乐官李延年、历史学家司马迁和张贺都是宫刑的牺牲品。汉武帝甚至对来自西域国家的使节或人质也曾使用此刑。据《汉书·西域传·鄯善国》记载：征和元年（前92）楼兰国王去世，其国派人到汉朝迎接作质子的太子回国继承王位。由于这位太子在长安因触犯法律受过宫刑，汉武帝就没有放他回本国。武帝刘彻的跋扈与专横可见一斑。东汉时期，宫刑仍被保留，汉光武帝诏曰："死罪系囚，皆一切募下蚕室，女子宫。"明帝永平八年（65），章帝建初七年（82）、元和元年（84）、章和元年（87），和帝永元八年（96）也都有过类似诏书，"犯大逆，募下蚕室，其女子宫"。[16]因此有学者认为"终汉之世，时以宫刑代死罪，皆沿景帝定制也"。汉安帝永初年间（107—113），大臣陈忠上书请除宫刑，此奏获准，宫刑又一次被废除。

三国晋时期，曾有过恢复肉刑的大辩论，陈群、钟繇主张恢复肉刑，其中就涉及宫刑，可知这一时期宫刑是被禁止施行的。南北朝时期，南朝统治者继承了魏晋时期的法律，无宫刑之罚，但在北朝仍有宫刑的存在。《魏书·刑罚志》说："大逆不道腰斩，诛其同籍，年十四以下腐刑，女子没县官。"魏分裂为东魏、西魏之后，西魏文帝大统十三年（547）曾下诏："自今应宫刑者，直没官，勿刑。"宫刑再次被废。但在东魏，宫刑仍被保留，《隋书·樊叔略传》记载，当时的南兖州刺史、阿阳侯樊欢因不满高欢父子专权，图谋复兴东魏，被高氏杀害，其子樊叔略正在幼年，被处以宫刑。隋开皇年间，文帝杨坚正式下诏将宫刑废除，《周礼·秋官·司刑》疏曰："宫刑至隋乃赦。"至此，作为一种正式的刑罚，宫刑走到了历史的尽头。

但是，历史总有反复，宫刑虽不再是五刑中的正式刑罚，但它却不时成为一种法外之刑，先不说皇权不受法典的约束，就是一些朱门大户也是和尚打伞——无法无天，往往将人私自阉割为奴。辽穆宗应历十二年（962），萧延之的家奴海里强奸拽剌秃里的未成年的女儿，就被法外施刑，处以宫刑，交给秃里家做奴隶。据史书记载，辽穆宗更是残暴，此人嗜酒成性，刑罚任意，断手足、烂肩股、折腰胫，无所不用其极，宫刑的适用自然不在话下。

唐代也曾大兴蓄奴之风，不少男孩阉割之后，被贵族官僚收买为家奴，诗人顾况的《囝》所说的"囝生闽方，闽吏得之，乃绝其阳"，就是当时情景的真实写照。安禄山也曾私阉一个叫李猪儿的人为奴，而且安禄山对猪儿非常宠爱、信任，但后来被猪儿切腹而死。

将专制推向极致的朱明王朝自然也少不了宫刑的存在。明太祖朱元璋在他的《大诰》规定了许多严刑峻法，其中就有阉割为奴。洪武年间，监察御史张尚礼曾作《宫怨诗》一首："庭院沉沉昼漏清，闭门春草共愁生。梦中正得君王宠，却被黄鹂叫一声。"宫中妃嫔的心事被如此生动地描写当然会惹来杀身之祸，朱元璋见此诗后，大怒，下令将他处以宫刑，结果张尚礼死在蚕室。据《万历野获编》记载，明英宗时，靖远伯王骥在征战期间，曾将民间幼童阉割为奴，明英宗知道后并不干预，可见这种做法在当时是被允许的。事实上，明英宗自己也曾干过类似事情，天顺二年（1458），他就曾下令把四十四名盐徒处以宫刑。

直到清代，宫刑仍有出现。道光十三年（1833）曾颁发律令："嗣后逆案，律应问拟凌迟之犯，其子孙讯明实系不知谋逆情事者，无论已未成丁，均请照乾隆五十四年之例，解交内务府阉割"。

古代受肉刑之人一般都要为国家服劳役，宫刑也不例外。先秦文献中的"内小臣""寺人""宫隶""宫狡士""酒人""阉人""缝人"等称谓都是受过宫刑之后又在宫廷充当仆役的人。这种人也叫"奄"，后来逐渐演化为宦官或太监。《诗经·小雅·巷伯》所说的"寺人孟子，作为此诗"就记载一位"奄"人的哀鸣和愤懑。孟子也就成为文献上宫刑的最早受刑人，当然此孟子非亚圣孟轲，而是周幽王时的一个姓孟的小官吏，因受人诬陷，而被施宫刑。

秦汉之后，宫廷中的宦官普遍由受宫刑之人充当，这些人生前备受侮辱，死后也不能进入祖坟，生理上的残疾导致很多阉人心理上严重扭曲和变态，掌握权力后可能做出一些十恶不赦、令人发指的事情，秦朝的赵高，汉代的十常侍，明代的刘瑾，清代的李莲英等，种种专权误国、祸国殃民之举在历史上不止一次地上演。这些人从受害者转向害人者何尝不是宫刑的恶果。

如果说被迫阉割充当宦官之人尤有可怜之处，那为谋权势甘愿净身的自宫之人就不只是让人觉得可鄙了。春秋战国时期就出现了"自宫以适君"的无耻之尤。《史记·齐太公世家》记载，春秋齐桓公时有位名叫竖刁的人，就自宫而谄桓公，备受重用，齐相管仲病重之时，齐桓公甚至想让竖刁继任宰相，管仲劝桓公不可重用此人，对桓公说："自宫以适君，非人情，难亲。"连自己的身体都不爱惜的人，能忠君爱国吗？当时的另一个人选是易牙，易牙曾亲自将自己的大儿子蒸熟献给桓公，满足其口腹之欲，管仲也劝桓公此人不可用，"夫人情莫不爱其子，今弗爱其子，安能爱君？"[17]可惜桓公没有接受管仲的建议，后来竖刁率易牙、开方及大臣为乱，可怜春秋五霸之一的桓公活活饿死渴死，"身死三月不收，虫出于户。"[18]竖刁可谓是自宫的先驱了，此后大凡宦官得势的朝代，自宫现象便格外普遍。《井观琐盐》记载，五代南汉国宦官猖獗，凡群臣有才能者及进士状元皆先下蚕室，然后方可进用，于是也出现了许多自宫以求进者。朝廷内外皆阉人，其数高达近20000人，[19]真是名副其实的太监王国。罗履先《南汉宫词》云"莫怪宫人夸对食，[20]尚衣多半状元郎"，说的就是此事。据说当时的宋太祖赵匡胤知道此事，非常愤怒，发誓要攻破南汉，救万民于水火之中。

明代宦官势力最盛，自宫之风也最为严重，大太监魏忠贤就是著例。魏忠贤本是一市井无赖，嗜赌成性，最后债台高筑，走投无路，愤而自宫，最后竟成为权势遮天的"九千岁"。当时有"已婚而自阉"者，有"熏腐其子"者，有"兄弟俱阉"者，更有人"尽阉其子孙以图富贵"，自宫之风之烈，可想而知。据《明实录》记载，当时太监操纵皇帝执掌朝政，恩泽惠及九族，愚民便争相让子孙受刑当太监，仅一个村子想充当太监的都有数百人之多，无法禁止。《日知录》说：明末某年招募太监3000人，结果应者达20000余人，没办法，只能增加名额，最后录用了4500人，落选的16000多人在礼部衙门前哭天喊地，闹得沸沸扬扬。

自宫的人数太多也会造成严重的社会问题，因为宦官年老或退休后需要国家养活，无限制安置自宫者显然会让国家的财政无法负担。明初时，自宫而请求录用为太监的人数已相当多，以至于供过于求，超过了宫廷的实际需要，于是皇帝屡下诏书，禁止自宫，对违令者予以严惩。永乐二十二年（1424），明成祖朱棣诏令，凡自宫者，以不孝论。如果军人违犯，连本管头目总小旗一同治罪；如果民间违犯，罪及有司里老。宣德二年（1427），宣宗下诏：凡自净身者，军还原伍，民还原籍。不许投入王府及官员势要之家隐藏，躲避差役。若再犯者，犯及隐藏之家俱处死。该管总小旗、里老、邻人知而不举者，一体治罪。正统十二年（1447）诏令，英宗仍重申禁自宫禁令，自宫而已入宫者，准予自首，之后可送到南海子种菜，隐瞒而不自首者以及新发现的自宫者，全家发配辽东充军。成化九年（1473），宪宗再次下诏："私自净身希求进用者，本身处死，全家发烟瘴地面充军。"

此后即位的诸多明帝都曾颁布过类似禁令，而且禁令越来越严厉，但自宫之风一直无法遏制。自宫者仍然一拨一拨，涌向宫廷，因为太监的地位、权势对他们的吸引力实在太大了，为了飞黄腾达，他们宁愿阉割自己，又岂会在乎流放甚至杀头呢？更何况朝廷在发布禁令的同时又大量录用自宫者入宫。禁令成为一纸空文也就可想而知。后人对此评论说：自宫禁例，明代可谓严厉矣。而明代阉竖之祸较之唐、宋为烈，可见徒立一重法而无实意以行之，亦徒法而已。[21]

总之，在宦官制度存在的前提下，禁止自宫是不可能实现的。只有在帝制和太监制度被彻底埋葬之后，自宫才真正绝迹。

二、肉刑的存废

汉文帝十三年（前167），文帝下诏废除肉刑。这是中国刑罚史上最重大的事件之一，也是刑罚从野蛮走向文明的标志性事件，从此，以肉刑为中心的旧五刑制度逐渐向封建新五刑制度演进。然而肉刑废除却充满反复，其间有无数坎坷与波折。

文帝除肉刑与一位少女有关，班固有诗《咏史》赞曰"百男何愦愦，不如一缇萦"，说的就是此人。据《汉书·刑法志》记载：当时，齐国的太仓令淳于意有罪应受刑，被押往长安。他有五个女儿，但却没有儿子，伤心之余不禁骂道"生子不生男，缓急非有益"，没有儿子，碰到急事真是一点办法也没有啊！他最小的女儿缇萦听后非常伤心，就陪同父亲到长安向皇帝上书说："我父亲当官，临淄城的人都称赞他廉洁公平，现犯法要受刑。人死不能复活，受肉刑后，残缺的身体也无法恢复，就是以后想改过自新也不可能了。为此，我愿意到官府为奴，换得父亲不受刑，使他以后有自新的机会。"

文帝读到这篇上书，"怜悲其意"，非常感动，立即下诏："现今法令规定了黥、劓、斩左右趾等肉刑，但奸邪之事仍久禁不绝，这是为什么呢？这是因为教育不得法啊！朕非常惭愧……由于教育不得法，导致很多人犯罪，并被施加刑罚，其中有的想改恶为善，但却没有机会了。朕很同情他们。肉刑断肢体，刻肌肤，终身不能再生。这种刑罚使人何等痛苦而违背道德！难道符合为民父母的本意吗？"文帝于是下令废除肉刑。具体的办法是：改黥刑为髡钳（剃光头发胡须、脖子上戴一个铁钳）城旦舂，改劓刑为笞三百，改斩左趾者为笞五百。

文帝废除肉刑之举，无疑具有划时代的意义，它首次将存在了两千多年的肉刑废除，是刑罚从野蛮走向文明的重要标志，符合社会进步的要求。同时，改革还体现了文帝对刑罚的目的的新认识：刑罚不仅仅在于惩罚犯罪，还在于改造罪犯。文帝充分认识到刑罚的教育功用，为罪犯开辟了改过自新、重新做人之路，因而文帝的改革被后世颂为"千古之仁政"。

但是，改革不可避免地存在一些不足。

首先，将斩右趾改为弃市（死刑），这其实扩大了死刑范围，加重了刑罚，不符合除肉刑的初衷。

其次，劓刑用笞三百代替，斩左趾用笞五百代替，许多罪不当死者因笞数太多而出现"率多死"的现象。因此时人指责这次改革"外有轻刑之名，内实杀人"。对此弊端，汉景帝先后两次下令减少笞数。一次是在景帝元年（前156），他下诏说：笞刑与死刑没有什么区别，笞刑之下，即使侥幸不死，也会落下终身残疾。应更改律条：笞五百者改为笞三百，笞三百者改为笞二百。另一次是在景帝中元六年（前144），他再次下诏：受笞刑之人，有的还未受完笞打之数就被打死了，朕甚怜之，现更令，笞三百改为笞二百，笞二百改为笞一百。同时还规定：笞打犯人的竹板全长五尺，大头宽一寸，小头宽半寸，行刑时必须打屁股，不得胡乱下手，更不许中间换人，以免增强笞打的力量。经过景帝几番更改，才避免犯人死于笞刑之下。[22]

最后，肉刑废除之后造成刑罚体系的严重失衡，导致不同刑种的轻重悬殊，出现"死刑既重，而生刑又轻"的现象。这是文帝废除肉刑后最严重的缺陷，也是日后持恢复肉刑论者最重要的借口。[23]

作为一项重大的改革举措，文帝的除肉刑之举不可避免地会遭到诸多质疑，有关肉刑存废的争论甚至延续到了清末，这种争论也就成为中国刑罚史中最重要的课题之一。首先对废除肉刑提出全面质疑的是班固，他说："且除肉刑者，本欲以全民也，今去髡钳一等，转而入于大辟。以死罔民，失本惠矣。故死者岁以万数，刑重之所致也。至乎穿窬之盗，忿怒伤人，男女淫佚，吏为奸臧，若此之恶，髡钳之罚又不足以惩也。故刑者岁十万数，民既不畏，又曾不耻，刑轻之所生也。"[24]班固显然认为废除肉刑导致死刑与生刑的距离太大，造成刑罚畸重畸轻。由于缺乏中间刑，罪犯或被处死导致刑罚畸重，而仅服劳役等轻刑则导致刑罚畸轻。刑罚畸重对罪犯不公平，刑罚畸轻又无法有效遏制犯罪。

有关肉刑存废的争论在汉末魏晋时期达到了顶峰，当时的朝廷重臣名将均参与讨论，魏明帝太和年间的那场讨论，参与者竟多达百人，就像今天的法律专题讨论会。肉刑存废争论主要围绕着两个方面：

其一，刑罚的目的。

主张恢复肉刑者认为刑罚的目的主要在于惩罚与威吓，用今天的术语来说，也就是通过肉刑剥夺罪犯的再犯能力实现刑罚的特殊预防作用，同时对他人进行威吓实现刑罚一般预防的作用。其代表人物是崔寔、陈群、钟繇、曹洪、王导、李胜等人。他们的主要依据是：汉文帝废肉刑"内实杀人"，且死刑的功效远远不如肉刑。

如陈群除了重申其父陈纪之论以为废除肉刑是"名轻而实重"外，还强调了刑罚的惩罚功能，以为"杀人偿死，合于古制；至于伤人，或残毁其体而裁翦毛发，非其理也"。[25] 曹洪的观点则明显地体现了刑罚的一般预防功能，他认为，"以肉刑代其死，则亦足以惩示凶人。而刑者犹任坐役，能有所为，又不绝其生类之道，而终身残毁，百姓见之，莫不寒心，亦足使未犯者肃栗，以彰示将来，乃过于杀人。杀人，非不重也，然辜之三日，行埋弃之，不知者众，不见者多也"。[26]

反对恢复肉刑之人则大力强调刑罚的教育功能，主张以仁德为宗旨对罪犯实行感化。其代表人物有王充、荀悦、王朗、孔融、曹羲、曹彦、桓彝等人。他们主要基于儒家的"仁学"思想，认为肉刑残酷无道，对犯人的身体和精神伤害极深，不可恢复的刑罚断人生路，让人无法改恶从善。

如孔融指出："古者敦庞，善否不别，吏端刑清，政无过失。百姓有罪，皆自取之……纣斫朝涉之胫，天下谓为无道。夫九牧之地，千八百君若各刖一人，是下常有千八百纣也。求俗休和，弗可得已。且被刑之人，虑不念生，志在思死，类多趋恶，莫复归正。凤沙乱齐，伊戾祸宋，赵高、英布，为世大患。不能止人遂为非也，适足绝人还为善耳。虽忠如鬻拳，信如卞和，智如孙膑，冤如巷伯，才如史迁，达如子政，一离刀锯，没世不齿。是太甲之思庸，穆公之霸秦，南睢之骨立，卫武之《初筵》，陈汤之都赖，魏尚之守边，无所复施也。汉开改恶之路，凡为此也。故明德之君，远度深惟，弃短就长，不苟革其政者也。"[27] 通过对肉刑历史的阐述，孔融坚决反对恢复肉刑，认为肉刑无道，不仅不能阻止坏人为恶，反而会堵塞人从善之路，让罪犯反复犯罪。

其二，生刑与死刑之间的中间刑。

这是肉刑存废之争的焦点。文帝废肉刑后一个重要的弊端就是刑罚体系失衡，造成刑罚畸重畸轻，因此才有后来的复肉刑之议。主张恢复肉刑的人认为，肉刑可以作为生刑与死刑之间的中刑，可以起到减少死刑适用的功能，反而符合儒家的仁德之意。

具体说来，主要是以斩右趾代替弃市。此论最著名的代表人物是钟繇。钟繇认为："使如孝景之令，其当弃市欲斩右趾者，许之。……能有奸者，率年二十至四五十，虽斩其足，犹任生育。今天下人少于孝文之世，下计所全，岁三千人。张苍除肉刑，所杀岁以万计。臣欲复肉刑，岁生三千人。"[28] 在钟繇看来，废除肉刑实在是徒有轻刑之名，反而将很多罪不至死之人处死，恢复肉刑可以减少死刑的适用，缓解连年征战人口锐减的社会问题。

与钟繇同时代的王朗则针锋相对，认为应该把劳役刑作为生刑和死刑的中间刑，减少死刑的适用。王朗认为钟繇的观点，虽有轻刑之实，却难免酷烈之名，实施起来固然有"起偃为竖，化尸为人"之效，但将导致吴蜀谣言流传，以为魏国刑罚残酷，"前世仁者，不忍肉刑之惨酷，是以废而不用。不用已来，历年数百，今复行之"，恐怕"所减之文未彰于万民之目，而肉刑之问已宣于寇雠之耳，非所以来远人也"，影响其"国际声誉"，妨碍吴蜀民众弃暗投明。因此，王朗主张："夫五刑之属，著在科律，自有减死一等之法，不死即为减。施行已久，不待远假斧凿于彼肉刑，然后有罪次也……今可按繇所欲轻之死罪，使减死之髡、刖。嫌其轻者，可倍其居作之岁数。内有以生易死不訾之恩，外无以刖易钛骇耳之声。"[29]

王朗的看法显然更具合理性和可行性，一方面它可以解决减少死刑适用，缓解人口不足的社会问题，另一方面也可以避免刑罚过于残苛的指责，因此王朗的主张为统治者所接受。

事实上，王朗的主张也符合刑罚进化的规律，对旧五刑演化为新五刑产生了重大的影响。

肉刑存废的争论直接影响了肉刑实践，虽然统治者并未明确表示接受恢复肉刑的主张，但在事实上，自文帝废肉刑之后，肉刑并未绝迹，它屡见于后世。景帝之时，一度被废的宫刑又被恢复，到武帝时，宫刑的适用就更为普遍了，直到清末才被废止。至于墨、劓、刖之刑，也并未禁绝，五代宋明帝有黥刖之制，梁武帝也有黥面之法，即使在唐太宗贞观初年，戴胄、魏徵也曾议复肉刑，以断右趾作为死刑的替代刑，北宋神宗熙元年间（1068—1077），大臣韩绛再次奏请神宗"请用肉刑"，南宋的大学者朱熹也重倡复肉刑之论，有宋一朝，刺配之法更是被广泛使用，并为后朝所沿用，直至清末。

肉刑存废之争延续了数百年，直到北朝"流刑"制度的出现，问题才有转机。流刑一般分为三等，分别是流二千里、二千五百里、三千里，往往辅以劳役刑（徒刑），这种惩罚比死罪为轻，但较笞刑为重，同时还能以流放的距离远近实现罪刑的均衡，而且还不会因为流放距离的增加造成受刑者的死亡，造成名轻实重。总之，"流刑"的出现解决了肉刑废除之后，死刑与生刑之间过分悬殊，基本解决了刑罚体系的失衡问题，也就使得肉刑的废除具有了现实性。从此，以肉刑为中心的旧五刑逐渐被新五刑所替代，肉刑也基本就被抛弃。

但是，历史总有反复，新五刑的确立虽然在制度上根除了肉刑，但是在实际层面，肉刑仍时有出现，从更广义的程度上，笞杖之刑，何尝不也是摧残身体的肉刑，而它们更是长久存在于法典之中。因此，在某种意义上，北朝的流刑制度不过是将肉刑在形式上予以剔除，而肉刑的真正废除则是在清末刑法改制中才成为现实。

清末的废除肉刑与以往任何一次肉刑废除运动都有本质的不同。

以往的肉刑存废之争，无论是赞同恢复肉刑之人，还是反对肉刑之人，他们的共同逻辑都是以目的来证明手段的正确性，这个目的或是惩罚，或是威吓，或是教化，为达目的，可以不择手段，只要目的正当，手段也就具有无可置疑的正当性。在这种前提下，作为手段的肉刑，其反复是不可避免的，因为它必然随着当权者的统治目的的变化而变化。因此我们不难理解，为什么肉刑的废除会经历如此多的坎坎坷坷。即使是新五刑取代旧五刑，肉刑也并未真正废止，因为新五刑仍然是一种以身体刑和生命刑为主的刑罚体系，新五刑中各个刑种存在的正当性仍然取决于其目的的正当性。

随着时代的发展，西方启蒙思想强调人权，反对酷刑，反对罪刑擅断思想的渗透，封建五刑制度开始动摇，于是迎来刑罚历史上又一次伟大的改革，一次真正的跃进——清末刑法改制。这次改革废除了刺配刑、宫刑等旧五刑中残余的肉刑，也废除了新五刑中的笞刑、杖刑等摧残身体的实质肉刑，同时还废除了各种残酷的死刑执行方式，极大地限制了死刑的适用，建立了一个以自由刑为中心，由死（绞）刑、无期徒刑、有期徒刑、罚金、拘役等五种刑名组成的新的刑罚体系，封建新五刑被以自由刑为中心的近现代刑罚体系所替代。

这是中国刑罚史上又一次划时代的改革，刑罚体系近代化初具雏形，肉刑也就真正走向了灭亡。

与以往不同的是，清末的废肉刑之举并不单纯考虑刑罚目的，还对刑罚本身的正当性进行了思考，人们开始认识到："手段代表着形成中的正义和正在实现中的理想，人无法通过不正当的手段去实现正当的目的，因为手段是种子，而目的是树。"（马丁·路德·金语）正是因为肉刑本身的残酷性，违反了刑罚人道主义的要求，这种惩罚犯罪手段是不正义的，无论它能够实现何种目的，也应当被抛弃。

注释:

1. 沈家本:《历代刑法考》,中国检察出版社,2003年,第222页。

2. 沈家本:《历代刑法考》,中国检察出版社,2003年,第221页。

3. 沈家本:《历代刑法考》,中国检察出版社,2003年,第225页。

4. 参见后文《生离死别的流放》刺配法和折杖法部分。

5. 沈家本:《历代刑法考》,中国检察出版社,2003年,第226页。

6. 参见《战国策》卷十七《楚四》。

7. 沈家本:《历代刑法考》,中国检察出版社,2003年,第217页。

8. 参见《史记·商君列传》。

9. 参见《周礼·秋官·司刑》。

10. 参见《金史·刑法志》。

11. 参见《左传·昭公三年》。

12. 沈家本:《历代刑法考》,中国检察出版社,2003年,第207页。

13. 沈家本:《历代刑法考》,中国检察出版社,2003年,第238页。

14. 参见栗劲:《秦律通论》,山东人民出版社,1985年,第250—252页。

15. 关于髡刑的进一步论述,请参见后文。

16. 沈家本:《历代刑法考》中国检察出版社,2003年,第199页。

17. 参见《韩非子·难一》。

18. 参见《韩非子·十过》。

19. 沈家本:《历代刑法考》,中国检察出版社,2003年,第203页。

20. 所谓"对食",就是宦官和女官结为夫妻的意思,远在汉朝就有"对食"之说。

21. 沈家本:《历代刑法考》,中国检察出版社,2003年,第203页。

22. 参见薛菁:《汉末魏晋复肉刑之议论析》,《东南学术》,2004年第3期。

23. 参见《汉书·刑法志》。

24. 沈家本:《历代刑法考》,中国检察出版社,2003年,第175—176页。

25. 参见《三国志·魏书·陈群传》。

26. 刘公任:《汉魏晋之肉刑论战》,《人文月刊》,1937年第8卷第2期。

27. 参见《后汉书·孔融传》。

28. 参见《三国志·魏书·钟繇传》。

29. 参见《三国志·魏书·王朗传》。

第三章

并不轻松的笞杖之刑

在封建五刑中，笞刑与杖刑是最轻的刑罚，也是使用最广泛的刑罚。早在尧舜时期，就有笞杖的记载。舜小时候就曾受过父亲的笞杖，《韩诗外传》提及此事称："舜为人子，小棰则待，大杖则逃。"父亲打时，小棍舜则忍着，大杖就逃之夭夭。笞杖最初是一种教育用的惩戒手段，笞与杖并未严格区分。古语有云：刑罚不可废于国，鞭扑不可弛于家。意思是说国家不能没有刑罚，家庭不能没有鞭子荆条之类教育儿孙的工具，鞭扑也就是笞杖的雏形了。《尚书·舜典》中有"鞭作官刑，扑作教刑"一说，按照这种说法，鞭是国家的刑罚，而扑是教育用的惩戒手段，所谓"有扑作师儒教训之刑"。但在事实上，鞭扑并没有严格的区别，它们可作为教育的工具，也可作为国家的一种刑罚，《尚书注疏》云："惟言作教刑者，官刑鞭、扑俱用，教刑惟扑而已，故属扑于教。其实官刑亦当用扑，盖重者鞭之，轻者挞之。"[1]《春秋左传注》(杨伯峻注) 记载襄公十四年 (前559)，卫献公让师曹教其宠妾弹琴，师曹嫌该宠妾过于鲁笨，曾鞭打她。卫献公知道此事后，非常生气，于是师曹也被鞭三百。如果非要区分的话，那么师曹鞭宠妾可算是一种教育手段，而献公鞭师曹则是一种刑罚了。笞杖之刑在奴隶制社会曾广泛使用，西周青铜铭文上有大量用荆条或木板击打犯人背部和臀部的记载，《周礼·地官·司市》也记载笞杖曾用于管理市场的手段，所谓"掌市之治教、政刑、量度、禁令。……凡市入，则胥执鞭度"。李悝的《法经》也曾规定对太子赌博可先以笞刑教育，不改再废之："太子博戏则笞；不止，则特笞；不止，则更立。"当然，在奴隶制五刑占主导地位的当时，笞杖显然仅仅是一种刑罚的补充，一般适用于违反礼教等轻微的不轨行为，起警告教育作用。所谓"大刑用甲兵，其次用斧钺，中刑用刀锯，其次用钻笮，薄刑用鞭扑"，笞杖作为"薄刑"，并未在正式的五刑之列。

秦朝时期，笞刑已逐渐发展成一种法定常刑。当时的笞刑非常普遍，一些非常小的过错往往也要被笞。秦法规定，服劳役之人毁坏了官有的陶器、铁器或木器等，主管者要立即笞打，价值一钱，笞十下，值二十钱以上，则不计数痛打；用牛耕地时，耕牛腰围每减瘦一寸，养牛人就要被笞十下；乡里举行耕牛考核，落后的里典要被笞三十；承担徭役之人不及时报到，也要被笞五十。另外，秦朝时，笞杖还大量作为刑讯的手段。秦朝著名宰相李斯被诬谋反，就曾饱受此刑，据《史记·李斯传》记载：当时秦二世胡亥派赵高审理李斯谋反一案，查问李斯及其子李由谋反之情状，将其宾客和家族成员全部逮捕。赵高惩治李斯，拷打其一千多下，李斯不堪忍受折磨，不得不招供。堂堂宰相，在榜掠之下，也只能屈打成招了。有趣的是，《睡虎地秦墓竹简》中的《封诊式·治狱》规定："毋治（笞）谅（掠）而得人请（情）为上，治（笞）谅（掠）为下，有恐为败。"意思是说审理案件，能根据记录的口供，进行追查，不用拷打而察得犯人的真情，是最好的；施行拷打是下下之策；恐吓犯人，简直就是失败。

文帝废肉刑之后，劓刑改为笞三百，斩左趾刑改为笞五百。汉景帝认为加笞与重刑无异，行笞数百，率多毙命，侥幸不死，终不可以为人，于是景帝两次减轻笞刑，最终将劓刑改为笞一百，斩左趾改为笞二百。同时颁布著名的"箠令"，规定笞刑刑具规格、刑具材料及执行部位和方法。笞刑的工具（箠），长五尺，粗一寸。如果用竹制成，末梢粗半寸，竹节要削平。笞者笞臀，行刑时，不能更换执行人。[2] 从此，笞者的生命得以保全。

东汉时期，杖刑开始与笞刑分开，逐渐发展为一种正式的刑罚。这主要是因为笞刑已成为一种法定常刑，执法者甚至皇帝本人都不能任意使用，因此统治者需要在法律之外存在一种比较轻微的惩罚手段，用来对付那些虽不构成犯罪，但让统治者生气的行为，于是鞭杖就应运而生。《北堂书钞》记载，东汉初年，丁邯被选为郎官，但他以孝廉任郎官为耻，称病不赴任。光武帝刘秀知道后非常生气，喝令武士用杖将其痛打了数十下。最经常鞭杖大臣的是汉明帝，据《后汉纪》记载，当时"九卿皆鞭杖"。直到汉顺帝时，大臣左雄上书说："九卿位亚三等，班在大臣，行有佩玉之节，动有庠序之仪。加以鞭杖，诚非古典。"这才废除了鞭杖大臣之刑。

但是到三国时期，由于连年战争，君上需要乾纲独断不受限制的惩罚手段，因此鞭杖又被恢复，曹操就经常对臣僚施以杖刑，《三国志》载："（魏）太祖性严，掾属公事，往往加杖。爨常蓄毒药，誓死无辱，是以终不见及。"鞭杖的滥用，造成许多人因为非常轻微的过错冤死棍下，于是统治者开始对鞭杖法定化。青龙二年（234）春，魏明帝下诏曰："鞭作官刑，所以纠慢怠也，而顷多以无辜死。其减鞭杖之制，著于令。"蜀国贤相诸葛亮也非常重视对杖刑的约束与限制，据《太平御览》记载："诸葛武侯杖十以上亲决，宣王闻之，喜曰：吾无患矣。"从此，本是法外用刑的鞭杖进入法典，成为法定常刑，甚至一度取代了汉之笞刑。如北齐有杖刑三等，从杖十到杖三十，鞭刑有五等，从鞭四十到鞭一百；北周有杖刑五等，从杖十到杖五十，鞭刑也有五等，从六十到一百。在两晋南北朝时期，笞刑基本已不再独立存在，而只是作为徒刑的附加刑使用。西晋年间，法律还对杖刑的行刑部位、刑具尺寸以及减免对象有了明确的规定。根据规定："应得法杖者以小杖过无寸者稍行之，应杖而髀有疮者，臀也。"[3]

杖刑与笞刑正式分离，并进入五刑的是在隋朝。隋朝废鞭刑，"以笞代杖，去鞭易杖"，首次将杖、笞并列入五刑，将杖刑由以前的最轻刑变为重于笞刑的处罚，这种改革基本为后世所延续，后世诸朝皆有笞杖之规定，大致有如下内容。

一、用刑的数量

隋后各朝代，笞刑与杖刑一般都有五等之别，笞刑从十下到五十下，每加十下则加一等。杖刑从六十至一百，也是每加十下加一等。比较特别的是辽代和元代。辽代没有笞刑，只有杖刑，其杖刑分六等，从五十至三百，每五十下加一等。元代笞杖的数目则更为独特。其笞刑分六等，杖刑分五等，笞杖数自七到五十七，每十下加一等，杖刑数从六十七到一百零七，十下加一等。为什么减十为七呢？据说是元世祖忽必烈为行宽缓之政，减轻刑罚，对前朝的笞杖数目"天饶他一下，地饶他一下，我饶他一下"，自此每等减了三下。其实，元代笞由五等变为六等，笞刑除最低等外，其余每一等都比宋代增加了七下。因此后来有大臣上奏，认为："国朝之制，笞杖十减为七。今之杖一百者，宜止九十七，不当又加十也。"但他的意见并未被采。[4] 清代的笞、杖均折合为板，在执行时实行折减计算。《清史稿·刑法志》记载：清初，沿袭明制，笞、杖以五折十，注入本刑各条。康熙朝《现行则例》改为四折除零。雍正三年之律，乃依例各于本律注明板数。[5]《大清律例》规定："杖刑五：杖重于笞，用大竹板。六十除零折二十板，七十除零折二十五板，八十除零折三十板，九十除零折三十五板，一百折四十板。"

　　法律对笞杖数量的限制是为了防止这种貌似轻微的刑罚变成"内实杀人"的重刑，但不受限制的皇权又岂能受法律的约束，"和尚打伞，无法无天"本是历届帝王的真实写照。武则天时期，法律的数量限定就被突破，当时出现了没有明确次数的"一顿杖""重杖一顿"等决杖形式。唐玄宗年间，这类决杖更是普遍，这种没有数量限制的笞杖之法，让执行之人得以轻重其手，欲活则活之，欲毙则毙之。有鉴于此，唐代宗宝应元年，下诏："凡制敕'与一顿杖'者，其数止四十；'至到与一顿'及'重杖一顿''痛杖一顿'者，皆止六十。"不幸的是，到了唐德宗年间，这种数量约束很快就被废止。

二、用刑的部位

　　唐代以前，笞杖部位没有限制，脊背、臀部、腿部都可以用刑，到唐太宗时，才有鞭背之禁。据说太宗皇帝曾经看过针灸图，见人之心、肝、脾、肺、肾五脏都在背部附近，于是太宗感叹道：针灸如具部位不正，还有可能会致人毙命，何况重棒呢！笞杖本是五刑中的轻刑，"安得犯至轻之刑而或致死"。于是下令"罪人无得鞭背"，除本人自愿以背部受刑之外，均以腿部和臀部为受刑之处。[6]这种规定基本为后世效仿，但例外也不少，五代后蜀酷吏李匡远就喜欢杖人脊背，听取"捶挞之声"，还美其名曰：此一部肉鼓吹。五代后汉的刘铢则更为变态，对人用杖时，不仅杖脊，而且每次总以两杖合打，称为"合欢杖"。执行时还问犯人的年龄，施杖的数目一定要与其岁数相同，称为"随年杖"，年龄较大的犯人常被当场打死。

女性的受刑部位也有过变化，最初女性的笞杖部位没有限制，到魏明帝时，才规定妇女受刑不得打臀，只能打背，以免行刑之时出现有碍观瞻之事。但到后世，由于笞杖之刑大多是杖臀，对女性的笞杖又改为臀部。宋、元、明三代甚至还有"去衣受杖"的规定。女性犯奸罪需要笞杖者，必须脱裤裸体受杖。不少民众也乐于观看这种行刑场面。清代大学问家俞樾在《右台仙馆笔记》有过这种看客的记载："……闻堂上笞一囚，而瘖瘖呼痛之声，则女子也，诸友趋往观之，拉余俱去。余危坐不起，咸笑曰：'有是哉，子之迂也！'"后来发现女犯并未"去衣受杖"，而是打嘴巴，看客无奈，只能悻悻而归。[7]对女性而言，这种刑罚不仅是肉体的残酷摧残，也是对其精神的极大侮辱。以致许多受刑之人，在被辱之后，就自尽身亡。

三、刑具的规格

隋后笞刑与杖刑刑具一般用荆做成，但刑具的长度宽度，各代不尽相同。唐代笞刑刑具长三尺五寸，大头径二分，小头径一分半。杖刑刑具称"行杖"或"法杖"，也用荆制成，长度同样是三尺五寸，但头径要宽，其大头径二分七厘，小头径一分七厘。

北宋初年，太祖赵匡胤下诏规定，官杖长三尺五寸，大头径宽不得超过二寸，厚度和小头径宽度不得超过九分。宋仁宗天圣六年（1028），大臣聂冠卿上奏认为：杖的长短宽窄有尺度，但轻重不太统一，导致有些官吏制重杖，加大处罚。仁宗皇帝认为有道理，于是下令官杖的重量不得超过十五两。[8]

与北宋相比，辽代的杖刑刑具则非常野蛮，当时杖刑刑具不仅有杖，还有木剑、大棒、铁骨朵等，皆历代所无者。[9] 辽太宗耶律德光时期，就曾广泛使用大棒和木剑击打犯人，数目自十五至三十不等，受刑者罕有不残废的。辽穆宗耶律璟更为残暴，当时杖刑的刑具用沙袋制成，沙袋用牛皮缝制，长六寸，宽二寸，内有一尺多长的木柄，当时规定，凡是杖五十以上者，皆用沙袋行刑。执行时向犯人周身猛打，犯人皮肤没有伤痕但内脏大多破裂出血，受刑之人鲜有不死者。后来又发明了铁骨朵，这是一种复合刑具，似锤非锤，似杖非杖，长柄的前端安装上石质或金属（一般是铁）的头，骨朵的头有圆形、长形、蒜头形等多种。铁骨朵的杀伤力显然比杖要厉害得多，当时规定行刑的次数为五下或七下，但即使只有这么几下，也会轻则致残，重则致命。据说，辽道宗之妻懿德皇后就曾受过此刑。懿德皇后姓萧，又称萧观音，她能歌诗，善琵琶，非常得道宗宠幸，很遭人妒忌。当时的权臣耶律乙辛就想加害萧皇后和太子，乙辛命人写了一首《十香词》的淫诗，让心腹呈送萧皇后，伪称是宋朝皇后所作，请萧皇后"更得御书，便称二绝"。萧观音不知是计，为其手书后，又书写自己所作七言绝句《怀古》一首，诗曰："宫中只数赵家妆，败雨残云误汉王。惟有知情一片月，曾窥飞燕入昭阳。"耶律乙辛于是借题发挥，命人指控皇后书写淫诗，还与伶官赵惟一与私通，称《怀古》诗中藏有"赵""惟""一"三字，证据确凿，罪不可赦。道宗轻信谗言，当时就以"铁骨朵"猛击萧皇后，几至殒命，并族诛赵惟一，后又敕皇后自尽，道宗仍怒犹未解，命裸后尸，以苇席裹之还其家。可怜萧皇后自尽之前，想见道宗最后一面，也未获准。萧皇后临死前所写《绝命词》一首，让人读后泣泪不止："嗟薄祜兮多幸，羌作俪兮皇家，承昊穹兮下覆，近日月兮分华。托后钧兮凝位，忽前星兮启耀，虽蚍蜉兮黄床，庶无罪兮宗庙。欲贯鱼兮上进，乘阳德兮天飞；岂祸生兮无朕，蒙秽恶兮宫闱。将剖心兮自陈，冀回照兮白日，宁庶女兮多惭，遏飞霜兮下击。顾子女兮哀顿，对左右兮摧伤。共西曜兮将坠，忽吾去兮椒房。呼天地兮惨悴，恨今古兮安极！知吾生兮必死，又焉爱兮旦夕！"

明代笞杖刑具和唐朝类似，都长三尺五寸。笞刑刑具，大头径二分七厘，小头径一分七厘；杖刑刑具，大头径三分二厘，小头径二分二厘。同时，明代还规定，笞杖刑具不准用兽筋或皮胶等物在杖上装钉子，加大犯人的痛苦。但后来，明朝又出现了"金瓜"之刑，在朝廷由御前校尉执掌，常用来责罚朝臣。清代的笞杖刑具比较特殊，开始是沿袭明代规定，后来笞杖都改为打板子，用竹板作刑具。竹板子长五尺五寸，大竹板大头径二寸，小头径一寸五分，重不得超过二斤。

四、赎免规定

笞杖本是轻刑，统治者为了标榜自己儒学治国，慎刑仁德，在严厉打击严重犯罪的同时，对于判处笞杖等的轻微犯罪，有时也会从轻发落，允许以经济手段赎减，让罪犯改过自新。元人董鼎谈及此事，曾说："舜既以五流而宥五刑矣，鞭扑之轻者乃许以金赎，所以养其愧耻之心而开以自新之路"。《唐律》就曾按照笞刑的等级配以相应的赎金，从笞十下到笞五十分别赎铜一斤到五斤，杖刑从杖六十到杖一百分别赎铜六斤到十斤。[10] 宋代刑法也规定：笞刑十下，赎铜一斤，免打三下；二十下，赎铜二斤，免打十三下；三十下，赎铜三斤，免打二十二下；四十下，赎铜四斤，免打三十二下；五十下，赎铜五斤，免打四十下。杖刑也是如此，应打五十至一百的，分别赎铜五至十斤，免打三十七至八十下。明朝朱元璋时期，《明会典》也有类似规定：各处知府、知州、知县，有犯公罪而笞四十以下者，许令赎铜，每笞一十赎铜半斤，每杖一十赎铜十斤。成化年间，赎铜改用赎马，随后又改用钱赎，如"宣德二年（1427），定笞杖罪囚，每十赎钞二十贯"。景泰以后，赎钱的数目越来越大。景泰元年（1450），"令问拟笞杖罪囚，有力者纳钞：笞十，二百贯，每十以二百贯递加，至笞五十为千贯。杖六十，千八百贯，每十以三百贯递加，至杖百为三千贯"。也许是考虑赎刑的范围太大，明世宗年间，政策又有所变化，只规定笞刑可以赎免，而杖刑不能。[11]

五、作为他刑的附加刑和替代刑

笞杖还曾广泛作为其他刑的附加刑。如隋律规定：近流加杖一百，一等加三十。按流刑有三等来计算，附加的杖刑最高可达一百六十杖。唐律也有大量徒刑和流刑附加杖刑的规定，如《唐律疏议》

规定:"部曲、奴婢殴主之期亲,谓异财者;及殴主之外祖父母者:绞……过失杀者,减殴罪二等,合徒三年,加杖二百;过失伤者,又减一等,合徒二年半,加杖一百八十。"宋代将杖刑作为附加刑就更是普遍了,宋太祖开宝二年(969)诏令:"岭南民犯窃盗,赃满五贯至十贯者,决杖、黥面、配役,十贯以上乃死。"后来的刺配制度甚至规定只要是判处流刑之人,一定要附加脊杖一顿。刺配之人要并用脊杖、刺面、流刑三种刑罚(有时还有徒刑),"是一人之身一事之犯而兼受三刑",个中残酷,可想而知。元朝的杖刑也可作为徒流刑的附加刑。当时的法律规定:徒一年,附加杖六十七;一年半,杖七十七;二年,杖八十七;二年半,杖九十七;三年,杖一百零七。以徒半年为一等加杖十下。明、清两朝也有类似规定。

笞杖刑还可以作为徒刑、流刑的替代刑,如《唐律疏议》说:"诸犯徒应役而家无兼丁者","徒一年,加杖一百二十,不居作;一等加二十。流至配所应役者亦如之"。"诸工、乐、杂户及太常音声人……犯流者,二千里决杖一百,一等加三十,留住,俱役三年","犯徒者,准无兼丁例加杖,还依本色"。[12]

宋朝的"折杖法"更是将笞杖的替代作用发挥到了极致。据《宋史·刑法志一》载:"太祖受禅,始定折杖之制。凡流刑四:加役流,脊杖二十,配役三年。流三千里,脊杖二十;二千五百里,脊杖十八;二千里,脊杖十七;并配役一年。凡徒刑五:徒三年,脊杖二十;徒二年半,脊杖十八;二年,脊杖十七;一年半,脊杖十五;一年,脊杖十三。凡杖刑五:杖一百,臀杖二十;九十,臀杖十八;八十,臀杖十七;七十,臀杖十五;六十,臀杖十三。凡笞刑五:笞五十,臀杖十下;四十、三十,臀杖八下;二十、十,臀杖七下……徒、流、笞通用常行杖,徒罪决而不役。"折杖法自宋初创立以来,直到南宋都被沿用。[13] 废除普遍按照折杖法的规定，笞、杖、徒刑都被折为臀杖或脊杖，执行后就可释放，流刑和加役流被处脊杖后，其附加的劳役刑就在本地执行，而不必远流。表面看来，折杖法是为了降低刑罚的严酷性，但是其实质效果却是加重了犯人的痛苦。由于折杖法造成刑法典中所规定五刑只剩下了杖刑与死刑，破坏了五刑体系，导致"刑轻不能止恶，故犯法日益众，其终必至于杀戮，是欲轻反重"的后果，[14] 为了平衡刑法体系，在生刑与死刑之间寻找出一个合适的中间刑，刺配法也就应运而生。而刺配之人，不仅要受杖刑，还要被刺面流放，甚至还要附加劳役，其残酷性当然较之单纯的徒流之刑要严厉得多。

六、刑讯手段

笞杖本是刑罚方法，但在封建社会，这种刑罚还广泛作为刑讯的手段。前述秦朝李斯之事就是著例。"据温舒所言，考囚之酷，秦为最甚，夏侯婴以受伤人，而笞掠至数百之多，其他之恣意笞掠更可知矣。"[15] 隋朝之后，以笞杖作为考掠刑讯之工具一直都被保留，其残酷性较之秦朝有过之而无不及。上文已述，唐笞刑分五等，从十到五十，但讯问拷囚却不受此限，当时的法律规定"诸拷囚不得过三度，数总不得过二百"，远超笞刑的最上限，拷囚所用的刑具称"讯囚杖"，长度和一般的笞杖相同，为三尺五寸，但其大头径三分二厘，小头径二分二厘，比一般的笞杖要大要宽得多。至于司法官员的法外用刑，更是不可胜数，以至唐人牛希济在《刑论》中指出："棰拷之下，易以强抑……且桎梏之苦，笞捶之严，轻罪者愿重刑而获出，无辜者畏残害而求死。"宋朝的规定与唐朝如出一辙，按宋刑律，考掠总数不得超过两百，每次不过三十，但是司法官员并不受此限制，"州县不用荆子而用藤条，或用双荆合而为一，或鞭股鞭足至三五百"。[16] 元、明、清诸朝，审讯制度均继承唐宋，大量使用笞掠考囚，直到20世纪初的晚清修律，才在制度上将其废除。总之，作为刑讯手段的笞杖，其残忍性远远超过了五刑之中的笞刑和杖刑。

如果说笞掠考囚体现了古代刑罚的不受约束，那么廷杖就更是如此了。所谓廷杖就是由皇帝决定，在殿庭之上对违反旨意的大臣施用的杖刑。此制最初起源于东汉明帝的鞭杖九卿，隋唐时期被"发扬光大"，隋文帝、唐玄宗就非常偏爱"廷杖"。史载隋文帝杨坚"性猜忌"，"每于殿廷打人，一日之中，或至数四"，如果刑吏不用力打，就要处斩，后来有两位大臣劝谏说："朝堂非杀人之所，殿庭非决罚之地。"但杨坚却拒绝接受，两人只能以辞官相迫。结果反而杨坚感到疑惑，问道："吾杖重乎？"大臣田元给他形容说："陛下杖大如指，捶楚人三十者，比常杖数百，故多致死。"杨坚没法，只有除去廷杖。可是没过多久，楚州行参军李君才上书触怒杨坚，"上大怒，命杖之，而殿内无杖，遂以马鞭笞杀之。自是殿内复置杖"。杨坚倒是一点也不避讳，他曾下诏解释为什么要用廷杖，理由是有些官员不听话，如果按照律法处理，其罪轻，然而以情理而论其罪重，不立即决罚，无以惩肃。那么什么是"情理"呢？估计纯粹只能取决于皇帝个人的喜怒哀乐了。上梁不正下梁歪，地方官吏纷纷效法君上，史载当时"上下相驱，迭行捶楚，以残暴为干能，以守法为懦弱"。[17] 和杨坚一样，唐玄宗李隆基也喜欢在朝廷之上，随心所欲，大发淫威。当时监察御史蒋挺触怒玄宗，玄宗以监决杖刑稍轻，敕朝堂杖之。黄门侍郎廷珪奏曰："御史宪司，清望耳目之官，有犯当杀即杀，当流即流，不可决杖。士可杀，不可辱也。"但是，制命已行，蒋挺还是当廷被辱。[18]

　　将廷杖推向极致的是明朝。明代自朱元璋开始，就将廷杖制度化，成为常刑，几乎每一代皇帝都曾对大臣施以廷杖。皇帝只要觉得有大臣冒犯自己，不需任何罪名，就可廷杖，许多大臣都被当场杖毙。廷杖的时候，众官员要到午门西墀左边观刑，意在"打一儆百"，廷杖由锦衣卫行刑，东厂太监到场监刑。因此太监的权力很大，简直可以说是生杀予夺，行刑者们通常是根据监杖太监的暗示决定下手的轻重。当监杖太监喊"着实打"，却将两只靴尖摆成外八字形时，便是要行刑人手下留情，别把人打死，犯官虽被打得皮破血流，但骨肉不伤；如果喊"用心打"，并将两只靴尖向里一敛，就是暗示往死里打，犯人但见皮肤红肿，而内里却受伤甚重，被罚者也就很难有生还希望了。为了更好地执行监杖太监的命令，行刑人也需要练习，当时负责施行廷杖的校卒在训练时，一般要用皮革做成两个人体模型，一个里面放砖头，一个里面包上纸，然后给它们穿上衣服。放砖头的模型是来练习"外轻内重"手法的，要求做到看起来打得很轻，衣服都没有破损，但其实里面的砖头都被打碎。包纸的模型是用来练习"外重内轻"手法的，要求做到看起来打得很重，但其实包裹里的纸都不曾毁损。[19]据朱国桢《涌幢小品》卷十二记载：明初（成化以前），凡廷杖者是穿着衣服受刑，到正德初年宦官刘瑾专权时，廷杖的执行方法变了，受杖的大臣必须当众褪去裤子。这样，廷杖就不单纯是肉刑的惩罚了，还是对人精神的巨大摧残。廷杖足以将大臣的清高傲骨彻底打垮，让他们彻底臣服于帝王的淫威之下。

明代施用廷杖最多的是正德、嘉靖两朝，明朝历史上两次最著名的廷杖事件就分别发生于这两朝。据《明史》记载，正德十四年（1519），明武宗打算化名南巡，许多大臣苦苦劝谏，武宗大怒，命令把进谏的146位大臣都拉到午门外罚跪5天。5天后，又分别将这些朝臣处以杖刑，带头的打80或50棍，其余一律杖责30，其中有11人当即死于杖下。明正德十六年（1521）又发生了"大礼议"风潮，明武宗三十而亡，并无子嗣，其堂弟朱厚熜遂由旁系坐上皇位，是为嘉靖皇帝，嘉靖既由藩王身份继承皇位的，按照儒教礼仪算是过继到武宗之父孝宗弘治皇帝这一房，应该尊崇弘治为皇考，对自己的生父只能称"皇伯考"，但这位当时只有14岁的小皇帝硬是要尊崇自己的生父兴献王为"皇考"，并追封为"皇帝"，同时将母亲的尊号"本生圣母章圣皇太后"中的"本生"二字去掉，加封为"皇太后"，于是就出现了"大礼议"事件。嘉靖此举引起轩然大波，众官不断上书阻止，至嘉靖三年（1524）甚至有230位大臣在左顺门集体跪拜哭谏，其中还包括两位相当于内阁总理的大学士，嘉靖非常生气，五品以下大臣134人都遭到廷杖，致死者达17人。[20]

廷杖对士大夫人格与肉体的摧残，使得明朝士大夫斯文扫地，整体素质越来越差，廷杖彻底打断了士大夫的脊梁，堵住了他们的嘴巴，在皇帝面前，他们只能像喜鹊一样唱唱赞歌，像小狗一样服服帖帖，[21] 明朝的灭亡也就是命中注定的了。

随着时代的发展，笞杖终于走到了尽头。1910年清政府颁行《大清现行刑律》，正式废除了笞杖，但好景不长，袁世凯统治时期（1914）颁布《易笞条例》，笞刑又被恢复。好在，袁世凯政权迅速倒台，《易笞条例》很快就被废止，笞刑终于被彻底抛弃，刑罚向人道主义又迈进了一大步。

注释:

1. 沈家本:《历代刑法考》，中国检察出版社，2003年，第367页。
2. 沈家本:《历代刑法考》，中国检察出版社，2003年，第370页。
3. 沈家本:《历代刑法考》，中国检察出版社，2003年，第371页。
4. 沈家本:《历代刑法考》，中国检察出版社，2003年，第384页。
5. 高潮、马建石:《中国历代刑法志注译》，吉林人民出版社，1994年。
6. 参见《新唐书·刑法志》。
7. 参见俞樾:《右台仙馆笔记》，上海古籍出版社，1986年版，第242页。
8. 高潮、马建石:《中国历代刑法志注译》，吉林人民出版社，1994年，第389，412页。
9. 沈家本:《历代刑法考》，中国检察出版社，2003年，第381页。
10. [唐]长孙无忌等撰:《唐律疏义》，刘俊文点校，中华书局，1983年，第3页，第4页。
11. 沈家本:《历代刑法考》，中国检察出版社，2003年，第481—483页。
12. [唐]长孙无忌等撰:《唐律疏义》，刘俊文点校，中华书局，1983年，第73—75页。
13. 《约束州县属官不许违法用刑》，《名公书判清明集》卷1，中华书局1987年版。
14. 参见《宋史·刑法志》。
15. 沈家本:《历代刑法考》，中国检察出版社，2003年，第523页。
16. 参见《文献通考·刑考》。
17. 沈家本:《历代刑法考》，中国检察出版社，2003年，第374页。
18. 参见《旧唐书·张廷珪传》。
19. 沈家本:《历代刑法考》，中国检察出版社，2003年，第388—389页。
20. 沈家本:《历代刑法考》，中国检察出版社，2003年，第388页。
21. 在某种意义上，我认为古代的刑不上大夫制度有一定积极意义，它至少在一定程度上能保证古代士人的高骨风气，但自明朝后，士人的这种风气被彻底打压，在很长一段时间，都未曾复苏。

第四章

刑徒之苦

在中国古代有一种强迫罪犯服劳役的刑罚，一般被统称为徒刑。《史记·秦始皇本纪》记载：公元前219年，始皇到了湘山祠（今湖南岳阳县），"逢大风，几不得渡。上问博士曰：'湘君何神？'博士对曰：'闻之，尧女，舜之妻，而葬此。'于是始皇大怒，使刑徒三千人皆伐湘山树，赭其山。"这里的刑徒就是被判处徒刑的犯人了。

一、徒刑概说

徒：使也，[1] 意思是供役使；众也，[2] 故有徒众之说。刑徒也就是被判处劳役刑之众人了。商周时期，就有徒刑的存在，当时被判处肉刑的人很多都被附加徒刑，如"墨者使守门""劓者使守关""刖足使守门"等，[3] 这些受刑之人一般都要为国家服劳役，并由司徒加以管理，所以又有"司徒主众徒"之说。当时，刑徒之人一般又被称为"胥靡"。《史记·殷本纪》记载：商武丁帝即位以后，一直希望重振殷朝，但一直苦于无贤人辅佐，一晚，武丁梦见一位圣人，名字叫"说"。武丁醒后，按照梦中所见到的"说"的相貌来看看群臣中有无此人，"皆非也"。于是武丁派人到民间寻找，"使百公营求之野"，终于在一个叫作"傅险"的地方找到了"说"，当时，"说为胥靡，筑于傅险"。官员带着"说"去见武丁，武丁大喜，"得而与之语，果圣人。举以为相，殷国大治"。后来"说"就以"傅险"这个地名作为自己的姓，号曰傅说，傅说也就是傅姓的始祖了。《书传·说命》提及此事，曰："傅氏之岩在虞、虢之界，通道所经，有涧水坏道，常使胥靡刑人筑护此道。""胥靡"就是被判处劳役刑的刑徒，《荀子·王霸》也注曰：人徒谓胥徒，给徭役者也。

　　秦朝是使用徒刑最多的朝代之一，《史记·秦始皇本纪》说秦曾使用"隐宫徒刑者七十余万人，乃分作阿房宫，或作丽山"，"谪治狱吏不直者，筑长城及南越地"，以至于"劓鼻盈累，断足盈车，举河以西，不足以受天下之徒"。[4] 这么广泛地使用徒刑也是秦朝迅速灭亡的一个重要原因。当时，刘邦为亭长，就曾为县里遣送刑徒赴骊山服役，但途中逃跑的人太多，刘邦估计到了骊山，人也差不多全逃光，于是就在丰西的大泽中叫队伍停下来饮酒休息，到了夜里刘邦对剩下的刑徒说"公等皆去，吾亦从此逝矣"，一不做，二不休，刘邦干脆把他们全放了，自己也逃之夭夭，据说当时"徒中壮士愿从者十余人"，这也算是刘邦搞革命最初的政治资本。正是这种残酷寡恩，只罚不赦的严刑政策给秦末农民起义提供了源源不断的人力资源。

　　需要说明的是，徒刑只是劳役刑的总称，根据罪行轻重不同，劳役刑也有很多种，秦朝的徒刑大致有城旦、舂、鬼薪、白粲、隶臣、隶妾、司寇、候等，这些种类也基本为汉朝所继承，只是汉朝充分吸取秦朝灭亡的教训，在判人徒刑之时，也频发赦免之令，[5] 给人以改过自新的希望，所以刑徒之人远远少于秦朝。

以下，是对这些不同种类的徒刑分别介绍。

1．城旦、舂。男犯为城旦，从事筑城的劳役；女犯为舂，从事舂米的劳役。这是秦朝时最重的劳役刑。《汉旧仪》记载："秦制，凡有罪，男髡钳为城旦，[6] 城旦者，治城也。女为舂，舂者治米也。"据《史记·秦始皇本纪》载，丞相李斯就曾建议用此刑作为不遵令焚书的惩罚，"臣请史官非秦记皆烧之。令下三十日不烧，黥为城旦"。汉时，此刑亦被广泛适用，《汉书·王子侯》记载，当时有一个人采用敲诈勒索的办法将他人的鸡拿走，后被判以原价偿还鸡款，可是该人却作谩骂之状，不服判决，于是被处城旦以重惩之。按照规定，城旦者，一早就要起来筑城，但实践中，城旦者并不仅仅限于筑城之役，秦国的《仓律》有"城旦之垣及它事而劳与垣等者"，意思是城旦者可以从事与筑城同等强度的劳役，另外城旦还可以"守署及为它事""城旦为安事""城旦与工从事"等劳动强度低于筑城的劳役。城旦服劳役时不能有行动自由，他们都是在被看押的情况下进行劳动，按照秦律规定，城旦劳动时要身着红色囚服、戴红色毡巾，与旁人区别，还要戴着木械、黑索和胫钳，防止他们逃脱。

舂刑由女犯承担，这种劳役以往由奴隶从事，并非刑罚，《秋官·司厉》说："其奴，男子入于罪隶，女子入于舂、槁。"后来，这种劳役才变成一种刑罚，"以其所任之事为罪名矣"。这种刑罚是根据女犯的生理特点，认为她们不可能像男性那样从事重体力劳役，因此对她们有所宽宥，"舂者，妇人不豫外徭，但舂作米"。曾被吕后迫害的戚夫人就曾被关在永巷舂米，当时戚夫人悲痛欲绝，舂米时作歌曰："子为王，母为虏，终日舂薄暮，常与死为伍！相离三千里，当谁使告女？"正是此歌给戚夫人母子带来杀身之祸，吕后闻此歌后，派人将戚夫人之子赵王如意毒死，并下令斩断戚夫人的手脚，挖眼熏耳，喂以哑药，丢入厕所，称为"人彘"，吕后甚至还带自己儿子汉惠帝前来观看，不料惠帝看后，惊恐万分，指斥吕后残害戚夫人至此，实非人类所能为，并痛哭不已。从此，惠帝一蹶不起，一度精神失常，整日花天酒地，不理朝政，很快便龙驭归天，年仅22岁，吕后也算是搬石头砸自己的脚。[7]

2. 鬼薪、白粲。这种刑罚轻于城旦、[8]舂，在秦朝也有男女之别，男犯为鬼薪，女犯为白粲。《汉旧仪》记载，"鬼薪者，男当为祠祀鬼神伐山之薪蒸也"，就是让男性犯人去山中砍柴以供宗庙祭祀之用。秦始皇时期，长信侯嫪毐谋反，兵败，其族被夷，门下舍人重者被杀，轻者则判鬼薪之刑。汉武帝元鼎二年（前115），曾推广一种叫作"赤侧钱"的货币，规定一赤侧钱当五个普通五铢钱，向官府缴纳赋税以及其他对官方使用的场合，必须使用赤侧钱，但是老百姓并不愿意使用此钱，当时的汝南太守皋柔，对于民间的抵触情绪放任不管，对百姓不用赤侧钱纳赋未予纠正，结果被判鬼薪。后人评及此事，说"民不用赤侧而罪及太守，张汤之法，其苛虐类此……"。

"白粲"是强制女犯择米，"以为祠祀择米也"，"粲为稻米之至精者，择之使正白，故以白粲为名"，其刑期与鬼薪同。白粲与舂并非同一种刑罚，白粲刑期较之舂为短。另外，白粲不是单纯的舂米，它必须选择最精良的白米以供祭祀，"以米之精粗为差别，其工力亦有高下也"。[9]

与"白粲"相似的是"顾山"，这是西汉后期出现的一种刑名，专用来指女徒。一般认为顾山是指被判鬼薪的女犯，[10]可以不去服劳役，每月出钱三百，雇人代为服役。如应劭所释："旧刑鬼薪，取薪于山以给宗庙，今使女徒出钱顾薪，故曰顾山也。"《汉书·平帝纪》载:"元始元年,天下女徒已论,归家,顾山钱月三百。"如淳对此解释道:"已论者,罪已定也。令甲,女子犯罪,作如徒六月,顾山遣归。说以为当于山伐木,听使入钱顾功直,故谓之顾山。"从如淳对顾山的解释,可以看到,顾山是一种对女性刑徒的特殊照顾。当然,"顾山"只针对论罪以后认真服刑的女徒,如果再犯新罪则不可享受此等优待。从这也可以看出近代缓刑制度的某些影子。

3. 隶臣妾。"男子为隶臣,女子为隶妾",这是将男女罪犯罚作官府奴婢,为国家服各种劳役。隶臣妾所承担的劳役一般要轻于城旦舂,有时他们还可以监视城旦舂服劳役:"城旦司寇不足以将,令隶臣妾将。"在秦朝时,隶臣妾是终身劳役,因犯罪而没入为奴的隶臣妾,在服完了一定期限的劳役之后,不再是刑徒,但又变为国家的奴隶,而非自由人,因此它具有终身奴隶的性质。与城旦、鬼薪不同的是,隶臣妾可以赎免,但是秦律的赎免规定非常苛刻,一般人可望而不可即。秦朝《仓律》规定:"隶臣欲以人丁粼者二人赎,许之。其老当免老、小高五尺以下及隶妾欲以丁粼者一人赎,许之。"[11]赎隶臣妾必须用两名丁壮年男子替代,如果当隶臣妾年老体衰,或者高不足五尺,利用价值本就不大,那么用一名丁壮年男子替代也是可以的,这种赎免制度其实是变相地敲诈更多的劳动力。另秦朝《军爵律》规定:"欲归爵二级以免亲父母为隶臣妾者一人,及隶臣斩首为公士,谒归公士而免故妻隶妾一人者,许之,免以为庶人。"隶臣斩敌首获得爵位,可以爵赎免,其子有爵也可以二级爵位赎免父或母的隶臣妾身份。汉朝时,隶臣妾就不再是终身劳役,隶臣妾者在刑徒期满后,就可成为自由人。

4. 司寇、作如司寇。《汉旧仪》规定:"罪为司寇,司寇男备守,女为作如司寇。"司寇即伺察寇贼,从事这种工作的犯人一般要去边疆服劳役，边防外寇。女犯由于其生理特点，不适合到边疆服役，所以允许其在内地从事相当于司寇的劳役，因此称为"作如司寇"。司寇的主要劳役是"伺察寇贼"，但也可以从事其他劳役，有时甚至还可以用来监督城旦舂劳动。由于此刑相对较轻，因此在汉代对王侯往往适用此刑。如《汉书·王子侯表》载：孝景四年，杨丘侯偃"坐出国界，耐为司寇"；元狩五年，沈猷侯受"坐为宗正听请，不具宗室，耐为司寇"；《汉书·高惠高后文功臣表》：孝景后三年，吴房侯去疾"有罪，耐为司寇"；元朔元年，衍简侯翟不疑"坐挟诏书论，耐为司寇"。[12]

5. 候。这种刑罚是轻于隶臣妾的劳役刑，其内容是强制犯人到边地充当斥候，伺察敌情。《秦律杂抄》规定："为（伪）听命书，法（废）弗行，耐为侯（候）；不辟（避）席立……皆耐为侯（候）。"命书即"制书"，是皇帝的诏令，应该受到尊敬和绝对服从。"伪听命书，废弗行"意指对朝廷的命书阳奉阴违，不能切实贯彻执行；"不避席立"即听命令时不下席站立以示尊敬。这些行为都属于"不敬"的行为，其刑罚就是"候"，要发往边境服役。"候"这种劳役刑在汉以后就未再出现。

6. 罚作、复作。这是一种轻微的劳役刑，它主要指在官府服劳役的女徒。罚作、复作作为一种刑名也是始于秦代。《汉旧仪》载："秦制：男为戍罚作，女为复作，皆一岁到三月。"汉承秦制，只不过将秦之"戍罚作"改为"罚作"也。被刑的男性要在边境守卫一年，但"女子软弱不任守，复令作于官，亦一岁，故谓之复作徒也"。[13]

秦汉时期，劳役刑的发展有两个明显特点，这两个特点也体现了刑罚发展的基本趋势——从野蛮到文明。

其一，肉刑与劳役刑的关系发生重大变化。商周时期，刑罚体系以肉刑为主，劳役为辅，但随着生产力的发展，人们越来越意识到劳动力对国家的重要性，尤其是战国时期，为了军事和经济目的，国家需要大量的劳动力，因此劳役刑的使用也就越来越广泛，肉刑与劳役刑的关系也不断发生着变化，并最终颠倒过来，劳役刑成为一种主刑，而肉刑反而只是一种附带刑了，当然这一过程经历了很长一段时间，大致是在北周之后，徒刑正式进入五刑才得以真正完成。

在这一变化环节中，秦朝起了一个承上启下的作用。在秦朝之前，肉刑是绝对的主刑，被施肉刑的庶民只是偶尔被判看守一类的劳役刑。秦律则不然，劳役刑开始大量使用，甚至开始与肉刑并列。黥、劓甚至斩左趾（即刖）的刑人都要被判从事"城旦"之类的繁重劳役。在秦律中，大量可见黥为城旦、黥劓以为城旦、黥为隶妾等规定，如《睡虎地秦墓竹简·法律答问》记载："完城旦以黥城旦诬人，可（何）论？当黥。当黥城旦而以完城旦诬人，可（何）论？当黥劓（劓）"，"五人盗，臧（赃）一钱以上，斩左止，有（又）黥以为城旦；不盈五人，盗过六百六十钱，黥劓（劓）以为城旦"。张家山汉简《奏谳书》之四还记录了一个斩左趾为城旦案例：解曾因罪被处以黥劓之刑，恢复庶人身份后成为隐官工，后来娶逃亡女子符为妻而触犯了法律——"取（娶）亡人为妻，黥为城旦"。因为解在此前已受黥劓之刑，不可能再次被处黥刑，结果被"斩左止为城旦"。[14] 总之，在秦朝，传统的以肉刑为主的五刑体系已被打破，肉刑与徒刑很难区分主次。乍看来，秦律将肉刑和劳役刑复合使用，比单纯的肉刑更为残忍和严苛，但是从刑罚发展的历史来看，这却为今后刑罚体制的变革留下了巨大的发展空间，正是因为秦朝劳役刑的广泛使用，才使得在文帝废肉刑后，劳役刑开始从附加刑种演变为一种正刑，并最终将肉刑取而代之。

其二，劳役刑从无期走向有期。在汉文帝之前，城旦舂、鬼薪白粲、隶臣妾、司寇、候都是终身服役的刑徒，与其说他们是刑徒，不如说是国家的奴隶，而汉文帝却在废肉刑的同时，宣布刑徒"有年而免"，从此，刑罚向文明迈了一大步。《汉书·刑法志》记载：文帝十三年，丞相张苍、御史大夫冯敬按照文帝的指示，对刑制作出重大改革："……罪人狱已决，完为城旦舂，满三岁为鬼薪白粲；鬼薪白粲一岁，为隶臣妾；隶臣妾一岁，免为庶人。隶臣妾满二岁，为司寇；司寇一岁，及作如司寇二岁，皆免为庶人。其亡逃及有罪耐以上，不用此令。前令之刑城旦舂岁而非禁锢者，如完为城旦舂岁数以免。"被判完城旦舂的刑徒，服本刑三年后，转服鬼薪白粲刑一年，再服隶臣妾刑一年，然后释放，合计刑期为五年；鬼薪白粲，服本刑三年后，转服隶臣妾刑一年，然后释放，合计刑期为四年；隶臣妾，服本刑二年后，转服司寇刑（男女同名）一年，然后释放，合计刑期为三年；作如司寇（男女同名，实际使用时简称司寇），服本刑二年后，释放。[15]从此，"隶臣妾""城旦"等刑徒已然从秦时的实际奴隶身份真正变为服刑有期的刑徒了。[16]

二、徒刑的新发展

三国曹魏时期，徒刑又有新的发展，这主要是在劳役刑种类、年限的基础上，把"髡钳"作为劳役刑轻重的一种区分标准。按照是否有"髡钳"，劳役刑被分为髡刑、完刑和作刑。

髡钳之刑本是一种耻辱刑，古人认为："身体发肤，受之父母，不敢毁伤，孝之始也。"在那时，头发毛须不是想剪就剪的，损害身体及鬓发胡须都属不孝行为。在秦代，与人打架，如果把对方的胡须眉毛拔光，甚至要判城旦刑，而国家强制剃除鬓发胡须显然是一种对罪犯的羞辱性处罚。髡刑就是这样一种耻辱刑，在某种意义上，它和墨、劓、刖、宫等一样，都属于损害人身体完整性的肉刑，所以《周礼·秋官司寇》将其与其他亏人身体的肉刑并列："墨者使守门，劓者使守关，宫者使守内，刖者使守囿，髡者使守积。"据《曹瞒别传》记载：曹操在行军中曾颁布命令，士兵不能毁坏百姓庄稼，"犯麦者死"，于是士兵都很小心，路过麦田时都下马牵着马走。一次曹操骑的马受到惊吓跑到麦田，按照自己下达的命令，曹操应被处死。结果主簿以《春秋》经义为曹操开脱，说是"罚不加于尊"。但曹操却说："制法而自犯之，何以率下？然孤为军帅，不可杀，请自刑。"于是拔剑割发以代刑。[17]虽然沈家本认为"割发抵髡，操之诈"，但割发本身的确是一种刑罚，在那个时代，曹操用法自刑，还是难能可贵的。髡刑还具有区分罪犯身份的作用，一般人是不会剃头的，但罪犯去发，所以身份一眼就能辨别，这也是为什么秦律有髡钳为城旦一说。"钳"是一种刑具，《汉书·楚元王传》颜注曰："钳，以铁束颈也。"它是一种用一直铁棍穿进一近半环形很难弯曲的铁弓的刑具，可以束缚犯罪的脖颈。因此"髡钳为城旦"也就是带着刑具，剃去头发鬓须从事城旦苦役。与髡刑相近的是耐刑。《说文》曰："耐，罪不至髡也。"耐与髡的区别在于，前者只去鬓、须，而不剃发，但后者不仅去鬓须，还要剃发。由于耐刑保持头发完好，因此也被后人称为"完"刑。但事实上，完既非"髡"，也非"耐"，所谓"完"是指"不加肉刑髡剃"，也即许慎《说文》说的"完，全也"，罪人受墨、劓、刖、宫，身体有残缺，当属"不完"，髡耐两刑，身体毛发受损，在古人观念中，身体亦有亏损，也是"不完"，因此完刑是不受墨、劓、刖、宫、髡、耐诸刑。[18] 之所以有完刑的称呼，就是要与"不完"相区别，因此无论是"黥城旦""髡钳城旦""耐城旦"都是受徒刑而加"不完"之亏体之刑，而"完城旦"则仅是单纯的徒刑。

按照《魏律》规定，髡刑有四种，大致是沿用以前的城旦、鬼薪等名目及刑期；完刑有三种，分别是四年、三年和两年徒刑；作刑也有三种，分别是一年、半年、百日徒刑，徒刑共有十等之差。完刑和作刑都是不附髡钳的徒刑，只是前者为长徒刑，后者为短徒刑。两晋继承了曹魏的规定，但又稍有改动，据《唐六典·刑部》载，《晋律》规定："髡刑有四：一曰髡钳，五岁刑，笞二百；二曰四岁刑；三曰三岁刑；四曰二岁刑。"劳役刑基本变成以时间长短为标准的刑罚，刑罚的科学性和可操作性得到很大提升。南北朝时期，这一趋势更为明显，劳役刑开始进入新五刑。《梁律》删去了髡钳之名，将耐罪分为四等，分别为五年、四年、三年、二年，另外在鞭刑之上还有"一岁刑、半岁刑、百日刑"三种劳役之刑。[19] 北齐将"耐"列入五刑之第三等，刑期从五年到一年不等。《北魏律》将劳役刑称为"年刑"，因为此时劳役刑大多以年限长短作为轻重区分标准，年刑被列入五刑之中，分为五等，刑期从五年至一年，每等差一岁。[20]

劳役刑正式使用徒刑之名是在北周，《大律》规定：徒刑五，每等一年，从一年到五年共五等。徒刑位五刑（杖、鞭、徒、流、死）第三等，基本奠定了徒刑在五刑中的地位，这种格局为隋唐所沿用，直至清末。隋统一中国以后，定《开皇律》，正式确立封建五刑制度：笞、杖、徒、流、死。徒刑刑期较以往有所缩短，从一年到三年，每等仅差半年，这种规定为唐及后世所效仿。

需要注意的是，除隋唐以外，徒刑一般都要附加鞭刑、笞刑或杖刑。如晋朝的髡钳五岁刑要附加笞二百；北齐的耐刑一律加鞭一百，另外，除一年期耐刑不加笞刑外，其余四种耐刑还外加笞刑，从二十到八十，每等递增二十；[21] 北周的徒刑也附加鞭笞：徒一年者鞭六十，笞十；徒二年者鞭七十，笞二十；徒三年者鞭八十，笞三十；徒四年者鞭九十，笞四十；徒五年者鞭一百，笞五十。[22] 隋《开皇律》将此一罪数刑废止，徒刑不再附加鞭笞，但到宋朝此例又被恢复。宋初创折杖之法，徒刑之人可以不服劳役，决杖之后即可释放，徒一年者，决脊杖十三下放；徒一年半，决脊杖十五下放；徒二年，决脊杖十七下放；徒二年半，决脊杖十八下放；徒三年，决脊杖二十下放。虽宋有刺配之法，但徒刑不需要刺面，役满自放。而流刑以决杖折抵之后，一般还需黥面之刑。[23] 元、明、清三朝徒刑都必须附加杖刑，如元朝徒刑五等，分别杖六十七到一百零七，每等增加十下；明清两朝，附加杖数较元朝每等少七下，从六十到一百。

三、徒刑的意义

徒刑的出现，在刑罚的历史上有一个重要的功效，那就是不断催生着自由刑这种现代意义的刑种。正是自秦汉以来的劳役刑的不断发展，才为清末刑法改制建立以自由刑为中心的刑名体系铺设了基石。古代的徒刑虽然不同于现代意义剥夺自由的监禁刑（徒刑），但它在强迫罪犯劳役的同时，毕竟含有剥夺自由的成分，因此在自由价值萌发的清末，徒刑也就为嫁接西方刑罚理念提供了土壤。但是，必须注意的是，现代意义的徒刑是自由刑，它是随着自由价值的高涨才应运而生的，而在自由价值基本被忽视的中国古代，强调劳役的徒刑显然与现代的徒刑有着天壤之别，相同的名字所承载的却是完全不同的精神。

注释：

1. 参见《广雅·释诂》。
2. 参见《公羊·昭八年传》何休注。
3. 参见前文反反复复的肉刑兴废。
4. 参见《盐铁论》。
5. 沈家本：《历代刑法考》，中国检察出版社，2003年，第350—351页。
6. 髡钳是一种耻辱刑，具体参见后文相关论述。
7. 参见《汉书·外戚传》。
8. 《秦律杂抄》："有为故秦人出，削籍，上造以上为鬼薪，公士以下刑为城旦。"秦律中不同爵位的人享有不同的特权，上造爵位高于公士，因此在犯了同样的罪时，上造所受惩罚要轻。由此可知，鬼薪轻于城旦。
9. 沈家本：《历代刑法考》，中国检察出版社2003年版，第305—306页。
10. 可能在汉时，女子亦可判鬼薪，这与秦朝有所不同。参见沈家本：《历代刑法考》，中国检察出版社，2003年，第304页。
11. 《睡虎地秦墓竹简》，文物出版社，1978年，参见《仓律》"隶臣妾"的解释。齡，疑读为齢。丁齡即丁年。
12. 沈家本：《历代刑法考》，中国检察出版社，2003年，第308页。
13. 沈家本：《历代刑法考》，中国检察出版社，2003年，第313页。
14. 于振波：《秦汉法律与社会》，湖南人民出版社，2000年，第62页。
15. 张建国：《西汉刑制改革新探》，《历史研究》，1996年第6期。
16. 徐鸿修《从古代罪人收孥制的变迁看隶臣妾、城旦春的身份》，《文史哲》，1984年第5期。
17. 沈家本：《历代刑法考》，中国检察出版社，2003年，第310页。
18. 参见韩树峰：《秦汉律令中的完刑》，《中国史研究》，2003年第4期。
19. 沈家本：《历代刑法考》，中国检察出版社，2003年，第33页。
20. 沈家本：《历代刑法考》，中国检察出版社，2003年，第356页。
21. 沈家本：《历代刑法考》，中国检察出版社，2003年，第42页。
22. 沈家本：《历代刑法考》，中国检察出版社，2003年，第40页。
23. 参见前文刺配法。

第五章

生离死别的流放

黯然销魂者，唯别而已。

在交通极不发达的古代，远离故土，一去不返，这无异于一种莫大的痛苦。小草恋山，野人怀土，对于乡土观念极重的古人，强迫他们到一个语言不通，风俗相异的地方长久居住，甚至终生不允许他们返回旧土，这种所谓流放的刑罚较之死亡甚至有过之而无不及。

流放是中国古代五种主刑之一，所谓笞、杖、徒、流、死。流放在五刑中仅次于死刑。它在刑罚体系中有点类似于我们今天的无期徒刑，处于死刑与有期徒刑之间，有限制死刑滥用的功能。

流刑在中国一直保留到20世纪，这一事实本身也反映出中国社会宗族观念的强大。在中国，人们普遍存在祖宗崇拜，安土重迁，不愿远离故乡，不愿与自己所属的宗族共同体分离，就算死亡，遗体也应运往故乡，与先世祖宗共葬一地。这种观念直到今天仍然为很多国人所坚信。因此，不难想象，流刑对人宗族依附价值的剥夺所造成的巨大痛苦。

一、先秦的流放故事

流放在我国起源很早，据传原始社会末期尧舜时即有流放之刑。当时这种刑罚主要是针对氏族内部不听话的成员所实施的一种惩戒。《尚书·尧典》中有"流宥五刑"的记载。有人把它解释为："宥，宽也，以流放之法宽五刑"。用今天的话来说，就是对本族成员犯罪本应处以墨、劓、刖、宫、大辟之刑等酷刑，但为宽大起见，改用流放作为宽宥。

但事实上，在生产力极为低下的原始社会，人的生存环境非常艰难，每个人必须依靠集体的力量才能生存，将人逐出氏族事实上可能和杀了他差不多。此外，和任何刑罚一样，流放也是镇压异己，政治斗争有力武器。在当时，流刑曾广泛应用于部落联盟内的某些斗争失败的氏族首领。

如尧舜时期著名的"四凶"案件。四凶者，共工、讙兜、三苗和鲧，皆为华夏部落首领，四人及其部落都被流放。《山海经》说共工曾与颛顼争帝，没有成功，于是怒触不周山，搞得天柱折，地维绝，弄得是天倾西北，日月星辰移转方向，东南地面出现了大窟窿，一时洪水滔天。可能是当时势力太大，颛顼帝倒也没怎么惩罚共工。可是到了颛顼侄孙尧帝之时，共工势力衰微，于是被打入"四凶"之首，流放幽州，用来改变北方少数民族（北狄）的习俗。这可谓是一箭双雕吧，既惩罚了政敌，又废物利用让其作为防御北狄的第一道防线。讙兜可能与共工关系不错。相传，尧年老的时候，在部落联盟会议上提出后继人问题，讙兜推荐共工，尧当然没有同意。后来舜在协助尧理政时，就把讙兜打入"四凶"之中，流放到了崇山，用以改变南方少数民族（南蛮）的习俗。另两位"四凶"成员就是三苗和治水失败的鲧了。前者被流放到三危，以改变西边少数民族（西戎）的习俗，后者被流放到羽山，用以改变东边少数民族（东夷）的习俗。[1] 其中最冤的可能是鲧了。鲧是颛顼帝之子，大禹之父。鲧治水九年，殚精竭虑，勤奋忘我，无论在工程上还是精神上，都建造了比较良好的基础，如果没有鲧打下的治水基础，他儿子禹能否顺利完成治水任务可能就很难说了。所以屈原曾为鲧叫过屈，但有意思的是，屈原后来也被楚王流放。历史上"忠而被逐，情何以堪"的悲剧曾反复上演。

进入奴隶社会以后，虽然当时的刑罚体系以肉刑和死刑为主，但是流放之刑也有使用，但其主要还是一种政治斗争的工具，并非通常之刑。夏商周三代均有流放的记载，如商朝太甲帝由于不遵祖宗之法，统治暴虐，于是被辅政大臣伊尹流放商汤所葬之处桐宫。当然太甲的运气不错，伊尹并不想取而代之，让太甲流放桐宫，只是让他闭门思过。三年以后，太甲重归善道，伊尹又将政权返还太甲。[2]

春秋战国时期也有流放刑萌芽，其中为国人耳熟能详的莫过于上文提到的屈原了。屈原名平字原，为实现楚国的统一大业，曾辅佐怀王变法图强，坚决主张联合六国共同抵抗秦国。无奈木秀于林，风必摧之。变法伊始，屈原就遭到以怀王庶子子兰为首的楚国贵族集团的仇恨和排挤，他们在楚怀王面前造谣中伤，怀王误信谗言把屈原降职为"三闾大夫"。屈原虽被降职，但仍关心楚国命运。当秦国为了破坏六国联盟，派特使张仪来楚国游说时，屈原冒死进宫劝说怀王不要上当，但怀王却将屈原放逐到汉北，也就是今天的湖北、河南交界一带。待到楚怀王觉察受骗，才想起重新起用屈原。可是，时隔不久，当秦邀请怀王到秦地武关（今陕西商南县西北）

会见秦昭王，对于这明显的鸿门之宴，怀王却听信子兰的怂恿亲去武关，对屈原的苦苦哀劝无动于衷，最后咎由自取，一入关即被秦兵生擒，客死秦地。可悲的是，怀王之子顷襄王即位后居然让罪魁祸首的子兰担任最高官职令尹，屈原的下场也就可想而知。子兰为打击政敌屈原，在顷襄王面前不断造谣，顷襄王一气之下把屈原赶出朝廷，流放到鄂渚（今湖北武昌县境内），继而更加远逐到溆浦（今湖南中西部）。

"国家不幸诗家幸，赋到沧桑句便工"，正是这种无比悲怆的国恨家仇成就了屈原不朽的文学奇葩。屈原所流放的地方在当时可谓人迹罕至，荒凉异常。屈原的《涉江》对此有过记载："入溆浦余僔徊兮，迷不知吾所如。深林杳以冥冥兮，乃猿狖之所居。山峻高以蔽日兮，下幽晦以多雨。霰雪纷其无垠兮，云霏霏而承宇。"恶劣的自然环境，悲苦的境遇让屈原这位昔日的贵族"颜色憔悴，形容枯槁"。但更让他难以忍受的是精神上的无比折磨，"信而见疑，忠而被谤，能无怨乎？"虽然屈原"亦余心之所善兮，虽九死其犹未悔"，仍希望有朝一日报效国家，虽"路漫漫其修远兮，吾将上下而求索"！但当国破家亡之际，屈原感伤自己报国无门，在政治理想完全破灭之时，作《怀沙》之赋，抱石沉江以身殉国，享年62岁。

其时为顷襄王二十一年（前278）阴历五月初五日，后来这一天成了端午节，人们希望用这个节日永远纪念伟大诗人的不朽灵魂。屈原死后不久，楚为秦所灭。[3] 但是屈原这位悲剧英雄却永远为世人所铭记，并成为民族精神的象征。

一千三百多年后，时年22岁的青年才俊苏轼感伤屈原之事，遂作《屈原庙赋》愤然高呼："自子之逝今千载兮，世愈狭而难存。

贤者畏机而改度兮，随俗变化斫方以为圆。"苏轼认为，屈原为士人的万世楷模；但屈原之后大多数士人却成圆滑庸碌的奸诈小人，这是为什么？他指出，罪恶的根源不在士人，而在朝廷。不幸的是，正如屈原哀悼鲧之受罚不公一样，苏轼后来也因政敌攻击，因言获罪，流放黄州。为什么历史老是周而复始！

这里要提醒大家的是，虽然秦朝之前已有流放的萌芽，但它和后世作为五刑之一且仅次于死刑的流刑并不相同。

上古的流放，罪犯或政敌要被驱逐出国门。这就是《礼记·大学》所说的"唯仁人放流之，迸诸四夷，不与同中国。"对于那些犯了错误的人，仁德的君王会将他们流放，不让他在中国居住，让他与蛮夷为伍。想想看，那时的国家概念是宇宙之国，宇宙最中央才配称中国。将你驱逐出中国，与野蛮人生活在一起，这种惩罚可够重的。所以，《庄子·徐无鬼》说："子不闻夫越之流人乎？去国数日，见其所知而喜；去国旬月，见所尝见于国中者喜；及期年也，见似人者而喜矣；不亦去人滋久，思人滋深乎？"离开中国数日，见到自己的熟人就开心；离开中国数月，见到以前在中国见的东西，就高兴；离开中国数年，见到长得像人的东西就狂喜。总之，那时出国绝对不是一件好事。

但是后世的流放则是将犯罪者放逐到本国控制范围内的边远地区，而非国门之外，犯罪者还在中国境内，当然流放的地点肯定好不了，通常是极远而无人烟的地方。另外，先秦的流放刑罚主要针对政敌，但是使用并不普遍，尤其是春秋、战国之际，多国并立，楚材晋用，各国非常注重人才，"此处不留爷，自有留爷处"，如果将一能人"流放"出境，不但起不到惩戒的作用，而且等于把人才推向敌国，有百害而无一利，所谓"入楚楚重，出齐齐轻，为赵赵完，叛魏魏伤"。而后世的流放则比较普遍，这主要是天下一统，普天之下，莫非王土，率土之滨，莫非王臣。

二、流刑的萌芽——迁徙刑

进入秦汉，流放又得到进一步发展。秦始皇在前代流放刑的基础上制定了迁徙刑。《睡虎地秦墓竹简·法律答问》记载了几个关于适用迁徙刑的案例。其一是某盗贼窃取"不盈二百二十以下到一钱，迁之"，小偷偷了不满220钱，就可以被判处迁徙刑。其二是："啬夫不以官为事，以奸为事，论可（何）也？当（迁）之"，国家的官员不好好干活，徇私舞弊、玩忽职守也可以判迁徙之刑。《睡虎地秦墓竹简·封诊式》还有一个关于不孝的案件：有个因为犯罪被剥夺官爵的人甲（士伍）因为儿子不孝顺，请求官府将其子断足，然后流放到蜀郡边远县份，并叫他终生不得离开流放地点，官府答应了该士伍的请求。该案可算是开对不孝加以治罪的先河。在此后许多朝代，子孙如果不孝，只要不服教诲且有触犯情节，父母都可请求官府将其流放，这些忤逆不孝的子孙常由内地发配到云、贵两省，而且一般不许赦免，除非遇到特旨恩赦，并经父母等亲属同意，才有释放的可能，重返故里。[4]

此外，在秦朝，对于统治有危险性的人物除了斩杀，另一种有效的方法就是将其迁徙到边远地区。当时最著名的被判迁徙的"反革命集团"与长信侯嫪毐有关。相传嫪毐与秦太后有私情，被封为长信侯威权日盛，并与太后私下密谋，拟俟嬴政死后，即将两人的私生子立为嗣王，后来此事被发现。据《史记·秦始皇本纪》记载：

始皇九年（前238）长信侯嫪毐作乱而觉，后兵败被抓，嬴政将其以及主要党羽五马分尸，车裂而死，并灭其族。嫪毐的门客，有些罪轻的被判三年劳役(鬼薪)，还有些被剥夺爵位并被流放到了蜀地，"及夺爵迁蜀四千余家"。相传是始皇生父的文信侯吕不韦也因嫪毐案被牵连，被罢去相国之职，后被迁往蜀地，于是成就了《吕氏春秋》这部伟大作品的诞生，所谓"不韦迁蜀，世传吕览"，这也算是"艰难困苦，玉汝于成"的一个注脚吧。由于当时的四川过于荒凉偏僻，加上年纪大了，又被亲子驱逐，吕不韦难免急火攻心，两年以后就撒手西去。

吕不韦死后，他的门客偷偷地将他葬了。嬴政得知此事后下令：门客中有临丧哀哭的，如果是三晋地区的人，要被驱逐出境，离开秦国；如果是秦国人且俸禄在六百石以上的，就要削夺官爵并处迁徙刑；俸禄在五百石以下而没有临丧哭吊的，也要迁徙，但可保留官籍。嬴政为什么对吕不韦如此仇恨，不知是否与其身世有关，也许正是因为害怕自己的秘密为人所知，所以急于与吕不韦划清界限，以示自己血统清白。据说当时嬴政曾咬牙切齿地指出"自今以来，操国事不道如嫪毐、不韦者，籍其门，视此。"至于嬴政生母秦太后，最初也被流放雍城，但后来被人劝说，"秦方以天下为事，而大王有迁母太后之意，恐诸侯闻之，由此倍秦也。"嬴政从政治角度考虑，害怕其他诸侯会因此说三道四，背叛秦国，影响统一大业，于是将母亲接回咸阳，复居甘泉宫。5

上述事例说明，迁徙刑在秦代已经成为相对独立的刑种，但它仍与后世作为主刑之一的流刑有一定区别。首先，从《睡虎地秦墓竹简》的记载来看，秦代迁徙刑的适用对象大都属于对轻罪的处罚，如盗窃。其次，秦代迁徙刑的目的及量刑标准并不十分明确，在很大程度上具有移民的性质，因而迁徙地往往是选择国家最需要开发的地区，如四川。

两汉时期，大一统国家的政治局面逐渐趋于稳定，迁徙刑也进一步发育成熟，但它仍然是一种权宜之策，并未纳入正式的刑罚体系。这一时期凡因罪被流放到边远地区的称"徙边"或"流徙"。与秦代相比，此期的流放刑的位置逐渐接近后世的流刑，即已渐次升级为死刑之下的"减死罪一等"，广泛适用于上层官吏及其家属。据《汉书》西汉元、成二帝以后"减死罪一等"屡见史载，如元帝京房、张博案。该案是中国古代非常著名的因官员泄密而被处刑的案件，当然它更多的还是带有政治斗争的特点。

京房是当时的大学者，其主要研究方向为《易经》，一时名满天下，淮阳王的舅父张博对他非常仰慕，于是跟随他学习《易经》，并把女儿许配给京房。京房每次朝见，回家之后，都把跟元帝之间问答的话告诉张博。后被政敌石显得知此事，于是指控京房泄漏朝廷机密（术语叫"漏泄省中语"）跟张博通谋，诽谤治国措施。于是京房跟张博同时下狱，绑赴街市斩首，两人的妻子因为"减死罪一等"而放逐到边塞。[6]

到了东汉时期，封建统治者本着"以全人命"[7]的原则将"减死罪一等"运用于一般的死囚特赦，东汉后期又将迁徙与劳役刑结合起来执行，如东汉桓帝时马融、灵帝时蔡邕及其家属等皆受此刑，这些都表明了迁徙刑向仅次于死刑的重刑过渡。

马融是东汉时期的著名学者和教育家。他涉足官场这趟浑水，却不谙为官之道，得罪了大将军梁冀，梁冀诬陷马融贪污，马融遂被免官并流放朔方，当然他后来得到赦免，还升了官，享年88岁。

另一位遭殃的学者蔡邕，相比马融，运气就差多了。蔡邕是东汉后期著名的文学家和书法家，蔡文姬这位中国历史上少有的奇女子就是他的女儿。蔡邕在灵帝时官拜郎中，负责校勘书籍，却因弹劾宦官而被流放，地点和马融一样，也是朔方。献帝时董卓强迫他出仕为侍御史，官左中郎将。董卓被诛后，蔡邕为王允所捕，死于狱中。

需要注意的是，虽然汉代的迁徙刑时有适用，但它更多的还是保留着《尚书·舜典》中"流宥五刑"的代刑痕迹，它并未列入国家法定的常用刑，常常是依据皇帝的敕令变通适用，因此它还是一种临时性、例外性的措施，并非作为五刑之一的流刑。

三、流刑的形成

流刑正式进入法典是在北朝时期，北朝诸代统治者总结了迁徙刑施用七百余年的经验，将"赦死从流"确定为量刑原则，流刑制度正式形成，成为封建五刑介于死刑和徒刑之间的常刑。这在中国刑罚史上具有里程碑的意义，它标志着肉刑被彻底抛弃，表明刑罚从重到轻的进化规律，也体现了人类从野蛮逐渐走向文明。

为什么流刑制度正式实施于北朝，这里有什么深层次的原因吗？

这就不得不从汉文帝废除肉刑说起。公元前167年汉文帝刘恒废除了在中国历史上延续两千多年的肉刑。这一改革无疑其有划时代的意义，使得奴隶制旧五刑向封建制新五刑进化，标志着刑罚从野蛮逐渐向文明迈进。但是，在改革之初却出现了一些事与愿违的情况。在某种程度上，废除肉刑不仅没有降低刑罚的残忍性，反而使得其残忍性有所加大。

文帝除肉刑的具体内容是：以髡钳城旦舂（重劳役刑）代替黥刑，以笞三百代替劓刑，以笞五百代替斩左趾，以弃市代替斩右趾。然而这种改革存在两个重大的弊病：

其一是废除肉刑后，斩右趾者弃市，生刑入死刑，这显然是徒有轻刑之名，而有重刑之实（外有轻刑之名，内实杀人）。事实上，文帝以笞三百、笞五百分别代替劓刑、斩左趾本是仁慈之举，但在实际执行中又因笞刑数太多，笞刑部位为人体背部要害，而使许多罪不当死者也被打死。一时出现受刑人"率多死"的局面。[8] 笞刑于是成为名副其实的死刑。

其二是在徒刑与死刑之间没有过度的中间刑，导致不同刑种之间轻重失衡、罪刑失当。作为一种刑罚体系，它必须由轻重不同的刑罚方法组成一个层次鲜明的有机体，各种刑罚应当具有良好的衔接性。旧五刑虽以肉刑为主，过于残酷，但是生、死刑之间还是能够做到轻重衔接的。如今肉刑被废除，又缺乏衔接死刑的中间刑，经常会出现轻重失衡的局面，"死刑既重，生刑又轻"的现象屡有发生。面对这种现象，在缺乏限制国家刑罚权法治思想的古代，司法官员也就习惯于"从重、从快"了，结果那些本来不该处死的人都被"严打"了，滥杀、多杀的不良后果也就不可避免，"一时所杀岁以万计"。[9]

针对废除肉刑出现的弊端，汉末魏晋时期围绕肉刑的存废问题有过旷日持久的争论。[10] 但是肉刑终究没有在魏晋之际恢复，究其原委，可能是肉刑的名声太不好听了，魏晋的最高统治者都不愿意背上残暴的名声。虽然一些统治者认为恢复肉刑有一定必要性，但一遇到反对意见，最高统治者也不得不斟酌再三，恢复肉刑也就始终是一个建议，而没有成为现实。在肉刑存废之争中，王朗可谓是坚定的反对者，他认为可以劳役刑作为中刑代替肉刑。这种建议为北朝统治者所借鉴，他们正是基于王朗的这一设想，在前代经验上，提出"赦死从流"这一创造性的思想。流刑终于成为正式刑种，刑制轻重不当的问题也就迎刃而解，肉刑基本上被扔进历史的垃圾桶，刑罚向着文明迈进了一大步。

北朝流刑制度对后世的刑罚体系产生了深远的影响，并奠定了后世五刑制度的基础。具体而言，北朝的流刑制度有如下特点：

第一，流刑被正式列为五刑之一，位列死刑和徒刑之间，是仅次于死刑的重刑。而在先前，虽然秦汉已有迁徙刑，但它并未成为法典中的正刑，它主要是针对判死罪人员的恩赦，只是一种"减死罪一等"的临时变通的措施，并不属于正式的刑种。据《魏书·刑罚志》记载，北魏的法定刑有五种，即死、流、徒、鞭、杖。流刑为死刑之下、徒刑之上的固定刑种。北齐、北周和北魏大致相似，北齐刑制为：死、流、刑（徒）、鞭、杖，北周亦为杖、鞭、徒、流、死五等。[11] 这显然和隋唐等后世的新五刑基本相似。流刑作为生死之间的中间刑的地位为法律所确定，这也就解决了肉刑废除后刑罚体系的轻重悬殊导致的弊端。

第二，流刑的目的是惩戒与戍边并重，将流人徙边为兵是当时普遍的一种形式。其实在秦汉时期，迁徙刑就已经具备这一目的。秦二世时大赦"徒"者从军抗击陈涉义军，显然就是将罪人充军以抗强敌。西汉时也经常让罪民西征西域匈奴，如汉代的"屯戍法"，就是将罪人发配边疆，从事农业生产，供应军需，同时本人又作为兵士，抵御匈奴。所以沈家本说："徙民实边之策实创于错（指晁错），不独汉代行之有效，乃千古至计也……"[12] 由于南北朝时期，军阀割据，连年混战，兵源紧张是一个普遍现象，这就不得不重视罪人这一庞大群体的人力资源了。

对于这个问题，北魏高宗与其臣僚曾有过一段精彩的对话。陇西王源贺曾上书高宗："臣闻人之所宝，莫宝于生命；德之厚者，莫厚于宥死。然犯死之罪，难以尽恕，权其轻重，有可矜恤。今就寇游魂于北，狡贼负险于南，其在疆场，尤须防戍。臣愚以为非大逆、赤手杀人之罪，其坐赃及盗与过误之愆应入死者，皆可原命，谪守边境。是则已断之体，更受全生之恩；徭役之家，渐蒙休息之惠。刑措之化，庶几在兹。《虞书》曰：'流宥五刑'，此其义也。……高宗纳之。已后入死者，皆恕死徙边。久之，高宗谓群臣曰：'源贺劝朕宥诸死刑，徙充北番。诸戍自尔至，今一岁所活殊为不少，生济之理既多，边戍之兵有益'。"这一段对话的意思再明显不过了，既然边防压力如此之大，兵源又如此紧张，那为什么不将一部分死刑犯"废物利用"，这既可以换一个君上仁慈的好名声，让犯人感激涕零，拼死效力，同时又可以解决兵力问题，还可以开发西北边区，促进社会经济发展，从而达到"奸邪可息、边陲足备"之目的。一箭三雕之策，何乐不为。然而，如果想想流放戍边之人所处的地点"春风不度"，如此萧瑟荒凉，以及流人遥望故土，今生今世却无法返回的内心悲苦，并且随时遭遇战争，生死悬于一线，那这种刑罚其实也就不那么仁慈了。说穿了，统治者从来就没有把百姓当成人，更何况罪人，百姓的生命不过是实现统治目的的工具，只不过有时披着所谓仁慈的外衣。

四、流刑的光大

　　将流刑制度发扬光大的是唐朝，这也是中华民族最辉煌的一段时期，它所建立的法律制度也成为中华法系的精髓，这一时期的流刑制度基本成为后世流刑的典范。唐律将流刑定为三等，分别是二千里、二千五百里、三千里，称为三流，以距家乡的远近来确定刑罚的轻重，三流都要强制服劳役一年。此外，又创立了加役流作为部分死刑的替代刑。在唐高祖执政期间，一度被废的肉刑曾有过抬头，武德年间死刑中的一些内容被改为断右趾，但是"断趾"这种残酷肉刑一经恢复就受到人们的责难，因此素有仁爱之风的唐太宗在即位之初就将断趾法废除，"改为加役流"，即"流三千里，役三年。"显然，这种加役流是死刑犯的一种特赦之刑，属于特殊流刑，在五刑体系之外，因为犯人不仅流三千里，而且在一般流刑强制服劳役一年的基础上再加二年。在唐太宗之后，肉刑制度就基本没有在正式的五刑制度中出现。

　　为了限制死刑的适用，体现儒家"明德慎罚""恤刑慎杀""德礼为政教之本，刑罚为政教之用"的思想，唐代的流刑被广泛适用，以往可被判处死刑的许多犯罪都降为流刑，所谓君王"不忍刑杀"故得以"宥以于远也"。唐代有相当一部分流刑是由死刑改判的。如玄宗朝曾多次下诏，要求"降天下死罪从流"，"制天下死罪降从流"。

　　又如，太和元年（827），兴平县有一人名叫上官兴，酒醉杀人后逃跑，于是官府将其父亲关进大牢，上官兴闻讯，为救父亲，自首请罪。有关方面考虑其"自首免父之囚"的行为，奏议"减死配流"，文宗皇帝大笔一挥，下诏"免死，决杖八十，配流灵州"。

另外，唐律还有"议贵"的规定，官吏除图谋不轨，叛逆谋反外，也多可改死为流。如唐太宗贞观十六年（642），广州都督党仁弘收受贿赂达百余万之多，律应当处死。太宗哀其年老且有功，宥党仁弘，贬其放庶人，流放于钦州。宪宗元和十四年（819），盐铁福建院官权长孺受贿，起初被判处死刑立即执行，但权长孺的母亲刘氏向皇帝求情，宪宗悯其母耄年于是将权长孺流放康州。

由于流刑毕竟是一种介于死刑和徒刑的中间刑，带有限制死刑的特点，有重罪轻判之意，但是为了和徒刑拉开差距，体现流刑的严厉性，因此在执行过程中往往要先行杖罚。这个口子一开，流刑限制死刑的作用在实际上就大打折扣，因为棍棒之下冤鬼太多，因此后来统治者适当减少了杖罚的适用。《唐会要》卷40《君上慎恤》云："总章二年五月十一日，上以常法外先决杖一百，各致殒毙。乃下诏曰'别令于律外决杖一百者，前后总五十九条，决杖既多，或至于死。其五十九条内……今后量留一十二条，自余四十七条并宜停。'"流刑附加杖罚的范围有所缩小。但到唐后期，由于统治权处于风雨飘摇之际，流罪附加决杖的范围又有所扩大，特别是在新颁布的格后敕，也就是所谓的特别法中经常看到决杖后流的规定。其实这也是封建统治者惯用的把戏，治乱世用重典，在对统治能力极度不自信之时，往往会大举突破法律规定，法外施刑。

需要注意的是，决杖后流虽然是唐朝的通例，但是对于某些特殊人群，杖罚则是对这些人的宽大处分，因为杖罚之后，流刑就不再适用。在交通非常不便的古代，打一顿总比被赶到荒凉贫瘠的蛮夷之地要强得多，因此以杖代罚也就应运而生。如《唐律·名律》规定：诸工、杂户及太常音人者，犯流者，二千里决杖一百，一等加三十，留住，俱役三年……其妇人犯留者，亦留住。《唐律疏义》

对此解释道：此等不同百姓……故犯流者不同常人例配，合流二千里者，决杖一百，二千五百里者，决杖一百三十；三千里者，决杖一百六十；俱留住，役三年……妇人之法，例不独流，故犯流不配，决杖，留住，居作。诸工、杂户属于为统治者服务的技术人员，而太常音人则是直接为皇帝服务的太监，对于这些人当然与一般百姓不同，可以特殊照顾。至于这些人的女眷，由于性别原因，加上负有照顾这些专业人士的义务，为了让她们的丈夫或男性亲人更好地为统治阶层服务，因此也就可以一并宽大了。总之，刑罚适用的不平等都是服务于统治者的需要，这在古代中国实在是太稀松平常的事情了。

流刑毕竟是重于徒刑的一种重刑，因此其残酷性也是不言而喻的。唐朝的流刑虽然有流二千里、二千五百里、三千里这三流的区别，但是在实际执行中并不一定按照规定的里程发配，其选择的地点通常是发配到地远天荒，贫瘠落后的边远地区，如岭南、安南、黔中、剑南等地。而流人最集中的流放之地则是岭南道。岭南最北部距京城3700多里，最南部的灌州（今越南荣市）距京城6700多里，远远超出三流的最高限制。

在当时交通如此恶劣的情况下，犯人戴着沉重的枷锁长途跋涉，其痛苦可想而知，大诗人李白就曾被流放黔中夜郎，途经三峡写就《上三峡》，曰"巫山夹青天，巴水流若兹。巴水忽可尽，青天无到时。三朝上黄牛，三暮行太迟。三朝又三暮，不觉鬓成丝。"三峡中有一座黄牛山，由于水流曲折加上逆水行舟速度迟缓，因此一连三天都未曾远离黄牛山，山峦始终在视线之内。行路之苦，可见一斑，流人在无限痛苦的行程中心情滞重也就可想而知了，真是所谓"青天无到时"。当然，李白的运气还是不错的，船至白帝城时忽然得到被赦免的消息，心境豁然之际也就有了"朝辞白帝彩云间，千里江陵一日还。两岸猿声啼不住，轻舟已过万重山"的传世名篇。

只不过大多数受刑之人就没有太白的运气了，在他们看来，岭南简直就是鬼门之关。唐代诗人杨炎的《流崖州至鬼门关作》称："一去一万里，千知千不还。崖州何处在，生度鬼门关。"不知今天的人们到了崖州（今三亚）这所谓的天涯海角，在感叹大好河山如此多娇之时，是否能够体会古代流人的心酸。在当时，岭南是怎样一个地方啊！荒冷偏僻，瘴厉横行，习俗迥异。很多流人都是在长途跋涉中一命呜呼，即使幸运地赶到流放地，也很难逃过疟疾肆虐、水土不服的厄运。因此，就连为流人送行之人也相信，他的朋友永远也不可能回到故土，此去就是永别。唐代诗人王建的《送流人》一诗道出个中悲苦："见说长沙去，无亲亦共愁。阴云鬼门夜，寒雨瘴江秋。水国山魈引，蛮乡洞主留。渐看归处远，垂白住炎州。"

五、折杖法和刺配法

宋朝的流刑制度延续了唐朝的规定，但是它也有一些明显的变化，这主要是折杖法和刺配法的创设。首先看折杖法，这其实是五刑中各个主刑的转换方法，用杖刑作为标准来代替其他主刑。折杖刑的灵感可能来源于唐朝对于流刑犯人所实施的决杖后流以及部分特殊人士杖而不流的制度，鉴于杖刑与流刑以及其他主刑的可替代性，建隆四年（963），宋太祖赵匡胤下诏创立折杖法，将五刑中的笞、杖、徒、流四种刑罚折成相应的臀杖或脊杖，使"流罪得免远徙，徒罪得免役年，笞杖得减决数"。以改变唐末五代刑罚过于苛重，刑罚种类纷繁芜杂的混乱局面。折杖法作为代用刑，以附敕列于《宋刑统·名例律·五刑门》中，相当于今天的从属于刑法典的附则。原有的流刑，用脊杖、臀杖完后分为两种情况处理：加役流决脊杖二十，配役三年，流三千里至二千里，分别决脊杖二十、十八、十七，配役一年，都不再远流。折杖法是一种"折减"性质的刑制。但其适用范围有限，死刑及反逆、强盗等重罪不适用此法。在一定程度上，折杖法起到"损除烦苛""新天下耳目"的作用，对轻罪犯人明显有利，也有利于缓和宋初的社会矛盾，体现了刑罚轻缓化的发展趋势。但是，从宋朝刑罚制度的整体发展来看，折杖法并未改变其不断加重的总趋势。

如果说折杖法是一种对犯人从宽发落的制度，那么刺配法则正好相反。刺配法首创于五代的后晋，是对流配犯人附加黥面的做法，它是肉刑之一黥刑的复活。唯一不同的是，黥刑是旧五刑中的一种主刑，而刺配主要是五刑中流刑的附加刑。

宋代刺配刑罚适用很广。宋真宗时关于刺配的法律规定有四十六条，仁宗庆历时有一百七十多条，到南宋孝宗时，刺配法多达五百七十条。《宋史·刑法志》中说："配法既多，犯者日众，刺配之人，所至充斥。"宋律规定，流、徒、杖刑都可以同时黥刺，但对于流刑一定要附加黥刑。黥刺的方法多种多样。初犯刺于耳后，再犯、三犯刺于面部。流刑，徒刑犯刺方形，杖刑犯刺圆形，直径不过五分，也有刺字的，强盗犯、窃盗犯在额上刺"盗""劫"等字样，在脸上还往往刺有发配的地点，一般为"刺配某州牢城"字样。在《水浒传》中，宋江、林冲、武松等人脸上都有"金印"——刺字。因此，武松醉打蒋门神，先要用一块膏药贴住脸上的金印，以防他人识其身份。事实上，当时有些流人为了避免囚犯的身份泄露，都采用"艾灸"或"药取"的方法消除刺字。

起初，刺配不分尊卑贵贱，凡犯必刺。宋神宗熙宁二年（1069），知金州张仲宣坐枉法赃，按例当死，法官从轻发落杖脊后流放海岛。大臣苏颂以"刑不上大夫"为张仲宣说情，认为张乃五品官员，有罪处死还应乘车就刑。如果在脸上刺字，虽不为过，但有损朝廷命官的尊严。神宗皇帝批准了苏颂的奏请。从此以后，凡是宋代命官，犯罪者一律不加杖刑、刺面。这也是为什么苏轼在流放岭南之时，还有心思吃荔枝，并作诗自我安慰：日啖荔枝三百颗，不妨长做岭南人。如果苏轼被黥面发配，估计就没有这种雅兴了。

到北宋后期，刺配之刑被广泛适用，可能是刺配之人太多，刑罚的打击效果大打折扣，有些人对刺字不以为然，于是造成了民间文身艺术的发展。有些军人或勇武之人也在脸上或身上刺字，以示志向，如为人熟知的岳母刺字与抗金的"八字军"。还有些人在身上刺上各种花纹，甚至诗词图画，甚至还成立了文身爱好者团体"锦体社"，而专门为人文身的工匠"针笔匠"也应运而生。赶上节日狂欢之时，浑身刺满各种花纹的妓女也上街载歌载舞，露出从臀到足刺满花纹的"花腿"，招摇过市。不知刺配法的发明者面对这种揶揄会作何感想？

宋朝的刺配法对后世有重大影响，元明清均沿袭未改直至清末才被废除。刺配法加大了流刑的残酷性。宋代却对流犯实施了"既杖其脊，又配其身，且黥其面，是一人之身一事之犯而兼受三刑"。流刑在执行过程中，不仅要适用主刑流刑，往往附加脊杖、黥面的惩罚。

刺配法的兴起正是以往肉刑存废争论的延续，这个争论是中国刑罚发展的一个基本矛盾，也是"乱世用重典"这一中国封建法律文化的直接写照。流刑具有降死一等的地位，是对犯人的宽宥，但是如何合理地拉开死刑与生刑之间的距离，实现流刑在生死之间的中刑地位是历代统治者思考的关键。

在唐朝，由于政治、经济、文化的充分发展，统治者对自己的执政能力高度自信，尤其是唐初鉴于隋因暴政而亡的历史背景，以唐太宗为首的统治集团在立法指导思想上始终强调"用法务在宽简""刑罚所及，则思无以怒而滥刑"（魏征《谏太宗十思疏》）的慎刑思想。因此包括流刑在内的刑罚与任何朝代相比，都是相对轻缓的。流刑只是远流数千里、居作若干年。在某种意义上，它比那些身戴枷具而又必须在官吏监督下进行无偿劳动的徒刑犯更为宽宥。

尤其是随着社会生产力的发展、交通条件的改善、人口流动的频繁，人们对乡土的依恋程度大不如前，在这个背景下，流刑存在的根基有所动摇。正如宋大臣曾布所言"近世之民，轻去乡井，转徙四方，固不为患，而居作一年，即听附籍，比于古亦轻矣"。[13] 更为重要的是，宋朝是一个奇怪的朝代，它虽经济高度繁荣，但国力始终衰弱，国土面积较之唐代亦大打折扣。"承五季之乱"建立起来的北宋王朝不仅先天不足，而且后天也严重失调。王朝面临的矛盾较之唐朝要多出太多。

北宋王朝成立之初，不仅要集中力量消灭各地的割据势力，还要对付边境少数民族政权的侵扰，饶是开国两位皇帝（宋太祖赵匡胤、宋太宗赵匡义两兄弟）英明神武，将前一个问题基本解决，但后面这个祸患终宋两朝都未能搞定，到后来竟酿成靖康之耻两位皇帝被金国掳走的千秋笑柄；另一方面，建国之后，宋朝的财政问题始终没有解决，冗员充塞，国库空虚，揭竿起义此起彼伏，北宋之初就有王小波起义，到了后期方腊、宋江等造反运动更是将北宋朝廷弄得疲惫不堪。在这个背景下，幻想着统治者沿用唐朝的轻刑政策显然不太现实。鉴于此，"用重典，以绳奸"（《宋史·刑法志》）就成为宋朝统治者的主要立法指导思想。此外，鉴于唐代刑罚虽重教化但刑不足以惩恶的事实，宋王朝则依据"禁奸止过，莫若重刑"。其实，出身于乱世之中的宋氏兄弟，在立国之初，也未尝不想援用唐例减免刑罚，但实在是有心无力。据说，宋太宗赵匡义对自己的成就非常自豪，曾向大臣询问，自己较之唐太宗如何？下面当然少不了溜须拍马之人，但有位叫李昉的官员却吟唱白居易的"怨女三千出后宫，死囚四百来归狱"。说的是唐太宗把全国所有的死刑犯共计390人全放回家过年，并要求他们明年秋天回来报到受刑。次年，这些死囚全都回来了，于是李世民把他们全都赦免了。宋太宗听了，遽起座道："朕不及他，朕不及他！卿说得警醒朕了！"

宋朝刺配法兴起的另外一个原因与其国土面积急剧缩小有重大关系。对于流刑的实施，幅面辽阔是其一个基本前提，但是宋朝的国土与唐朝相比简直小得可怜，它不可能像唐朝那样有如此广袤的国土可供流放。据《宋史·刑法志》记载，当时最重的流刑不过是判流沙门岛，《水浒传》里的卢俊义就是被"直配沙门岛"。沙门岛大约即是今山东长岛县西北的大黑山岛，距离汴京（今开封）不过三千多里，这与唐朝的流放地点相比，简直是大巫见小巫了。到了南宋时期，就连沙门岛都成了金国势力范围，宋朝可选择的流放地点就更少了。

在这些背景下，如果还完全照搬唐朝的流刑制度，显然对犯人来说是太过仁慈了，因此在"流不足治"的前提下，宋代立法者又为流刑附加"脊杖"与"黥面"。也就是所谓的"流不足治也，故用加役流；又未足征也，故有刺配；犹未足以待，故又有远近之别。"意思是说，流刑不足以惩罚犯罪时，可以采用加役流，如果还不行时，就可以适用刺配之刑，同时根据罪行的轻重，利用距离远近达到罪刑相当。宋代流刑通过"流放"与"肉刑"的结合，在某种意义上解决了流刑惩治力度不足的问题，拉近了死刑与生刑之间的惩治距离，从而确保了流刑作为生死之间中刑的地位。

总之，中国古代刑罚的基本思路都是将刑罚作为一种治理社会的纯粹工具，它并没有独立价值，因此也就不可能有现代社会通过刑法限制国家刑罚权的法治精神，刑罚人道主义在当时根本就没有滋生的土壤，治乱世用重典的思维逻辑始终为历代统治者所坚信，刑罚轻重的周而复始无非是统治者的权宜之计。他们并没有意识到，刑罚只是各种社会控制政策的最后的无奈选择，它并不能根本改善乱世的局面，因为只有最好的社会政策才是最好的刑事政策。有宋一朝，虽然刑罚呈现出不断加重的趋势，但是乱世的局面始终未曾改变，最后也无法挽救宋王朝的覆灭命运。

六、南人发北，北人发南

元朝的流刑又有新的发展，这主要是"新流刑"的创立，所谓"新流刑"是指流远与出军，它们都是从蒙古族古老的惩治方式中脱胎而来的。出军与流远的主要去所在素为"瘴疠"之地的湖广与北鄙的辽阳。罪犯一般是南人发北，北人发南。所谓"流则南人迁于辽阳迤北之地，北人迁于南方湖广之乡"。[14] 出军的罪犯到达配所之后，主要是"从军自效"，在当地屯种增强边方镇戍军伍的实力。

原则上，除了大赦，出军与流远的罪犯要终老发配之地，永无回归故土的希望。与传统流刑相比，其惩治力度更为严厉。出军与流远起初并行，至元仁宗、元英宗年间，出军逐渐进入流远刑，使流远刑成为一种新的流刑方式。[15]

元朝流刑的最大的特点就是上文所说的，南人发北，北人发南。这也为明清所仿效。这与元朝的幅员辽阔有很大关系。元朝是中国历史上国土面积最大的朝代，其行政区划历经数度变更，最终将全国划分为中书省直辖的"腹里"地区和10个比较固定的行中书省。《元史·地理志》称："盖岭北、辽阳与甘肃、四川、云南、湖广之边，唐所谓羁縻之州，往往在是，今皆赋役之，比于内地；而高丽守东，执臣礼惟谨，亦古所未见。"难怪元朝统治者自豪，饶是无比强大富饶的唐朝，这些地方都不过是名义上附属于中央的"羁縻州"，其版籍并不向唐朝呈报，也并不承担一定的贡赋。但是到了元朝，这些地方统统属于元朝行省范围，一律要向中央交税。

这里要解释一下"羁縻"的意思，对于现代的读者，这个词语实在是太过陌生。羁縻，有笼络之意。它是古人为了达到"四海之内莫不为郡县"的效果，在少数民族承认中央王朝统治的前提下，中央王朝允许其进行有限度的自治，保持本民族原有的社会经济制度、宗教信仰及风俗习惯、文化传统等等，"一切政治，悉因其俗"，以达到"不改其本国之俗而属于汉"[16]的成效，所谓"怀柔远人，义在羁縻，无所臣属"。当然，羁縻的最终目的是为了"以华变夷""华夷一体"，直至实现"大一统"的局面。这个目标看来只是在元朝才得到实现。

以往的羁縻之州如今已经成为"大一统"的一个部分，但是它毕竟仍过于荒凉偏僻，因此它就成了"南人发北，北人发南"的首选之地。当时，蒙古人、色目人主要发配两广、海南，最南甚至到越南北部，而汉人、南人则发配辽阳屯田，最远已到黑龙江以北、乌苏里江以东地区，即今俄罗斯境内。

七、流刑的变异——口外为民和充军

流刑在五刑制中处于降死一等重刑的地位，但是随着人们活动范围的扩大，交通条件的改善，流刑已越来越无法实现降死一等的目标，它与徒刑的惩治力度也过于接近，因此明代基本将流刑存而不用，而另创了两种新的流放形式，即口外为民与充军。

"口外为民"作为一种惩罚模式，大致在明中叶天顺初年，它与明初洪武时期的"家迁化外"、永乐时期的"发北京为民"有明显的渊源关系。对于"口外为民"的"口外"，一般集中在北直隶的隆庆州与保安州，均位于北边内长城之外。个别罪重的，或从隆庆、保安二州逃亡的，也可能发往辽东的安乐、自在二州。[17]对于犯人而言，口外的生活条件异常恶劣，而且环境与内地完全不同。同时，如果罪犯以往是朝廷官员，在处刑之前，还要革除官职。除了朝廷大赦天下，明令可以放回以外，口外为民的罪犯一般都要终老当地，不能返回，因此其惩罚力度还是比较强的。但是，口外为民与传统的流刑并没有本质的不同，它还是将犯人发配到远离乡土的地方，只不过地点比较固定，在解决流刑降死一等的问题上并没有实质的突破，因此，口外为民并没有成为一种普遍实施的惩治方式。

流刑的另一种变异形式是充军，也就是将罪犯发充军役。严格说来，早在秦汉就有充军的先例，但是作为一种普遍的刑罚形式，充军还是在明朝被广泛运用，清代继续采用充军之名，直到清末宣统时才被废止。

在明初，充军主要是针对军人。军人犯罪，若应处普通流刑，一般以充军代替。受刑人终身要在边境附近的军屯服役。但是到了洪武中期，充军开始适用于普通民众。当时的法律规定：对非法盐商、市场囤积居奇者、讼棍、无籍流民等其他一些没有正当职业的非军事人员都可以发配充军。一时充军人数急剧增加，以致"良民多坐微眚隶斥籍"，"故遣戍独多，每一州县无不以千数计"。[18] 相当多的老百姓被发配充军，用来增强边境御敌的实力。充军比传统的流刑以及"口外为民"更为严厉，因此被普遍适用。在洪武初年，还只是偶有充军记载，但到嘉靖、万历两朝，适用充军的罪名条款就分别增为213款和243款。除却法律规定的条款，有相当的犯人还被法外加刑，发配充军。

当时，有一个叫作"不应为"的罪名，也就是法律没有规定，但官府认为不应该去做的事情。所谓"律令无条理，不可为者"。这个条文就厉害啦，世事千变万化，任何法典都不可能穷尽各种可能性，但即使法律没有对此行为治罪，只要官府从情理推断不可为之，就可以判处刑罚。说白了，这不过是给"欲加之罪，何患无辞"贴上了法律的标签。"不应为"罪名首见于《唐律疏议·杂律》，但其刑罚不高，最重不过杖八十，但在朱元璋重典治乱的"严打"期间，许多人因犯"不应为"罪却被发配充军。明朝还有一种法外充军的情况是"为力士事"，一种解释认为力士是指力气特别大的人，统治者认为力气大者好闹事，有碍社会治安，故遣戍之。当然，这种说法是否正确还有待进一步研究。

充军的严厉性体现在哪呢？我们不妨从其适用对象分别说明。对于军官而言，在充军以后，官职被罢免，而且还要南北互调。一般军人充军，先要受杖刑一百，同样也要南北对调，而且还要承担更为艰苦的兵役。如果军官军人没有建立军功，那就要终老驻地。对于非军事人员而言，充军的严厉性就更为明显了。除了"南人发北，北人发南"外，他们的职业也发生改变，无论是官员还是民人，身份都变为军人，而且还要在卫所承担比一般军人更为苛重的军役和劳役，其待遇也更为恶劣。有趣的是，这类充军被称为"恩军"，毕竟是皇帝从轻发落，免死充军嘛！因此他们也应感恩戴德，终身服役"以谢皇恩"。明初的军犯甚至为永远军犯，不仅自己要终身服役，其子孙后代均要世代承担兵役。

明代充军的广泛适用与其屯兵制度有莫大关系。明初为了解决军队的供给问题，实行军事屯田制度，自力更生，自给自足，不给中央造成负担。屯兵制度的初衷是好的，当年朱元璋就曾自豪地宣称"吾养兵百万，要不费百姓一粒米"。但是，军旅生涯却异常悲惨，强制的军事屯田，兵士世代不得脱籍，军饷微薄，战时做炮灰，平时做苦力，逃亡则采取连坐，强制亲戚家人代替。这种职业有几人愿意为之呢？一时之间人们千方百计想出办法逃避从军的厄运。明成化年间，御史王衡曾指出"况人所畏当者莫过于军，千方百计逃避苟免"。当时有人为了逃避兵役，甚至将手指剁掉，以身有残疾之名逃避征召。于是这又为充军增加了一个新的条目——"为剁指事"，类似于今天的战时自残罪。为了逃避军事征召，自虐自残，就要强迫你从军，而且还要让你承担比一般兵士更为恶劣的军役。为了解决兵源问题，充军也就应运而生。大量的犯人都被发配从军，不仅自身，甚至子孙后代都要永远为大明王朝效力。

充军为明朝灭亡埋下了祸根。如此悲惨的军户生活，导致军队缺乏基本的作战能力和士气。屯兵制度的实施又给皇帝随时以屯田为名克扣军饷大开方便之门，加上明朝重文轻武、文人带军，种种制度上的弊端导致明朝的军队成为中国历史上战斗力最低军队之一。曾让蒙古铁骑望风而逃的大明军队在明朝后期竟然如此不堪一击，最后落得个皇帝自缢煤山，江山拱手他人的悲惨结局。

明亡之后，充军虽然为清律所保留，但清朝充分吸取了明朝覆亡的教训，禁止犯法逃兵混收入伍，影响士兵质量，加上清朝军制与明朝截然不同，因此清朝的充军与明朝已有本质不同，罪犯充军并不编为军户，充军只是一种更重的流刑。按照清律规定，充军分为附近充军（二千里）、近边充军（二千五百里）、边远充军（三千里）、极远充军（四千里）、烟瘴充军（四千里）五等，称为"五军"。充军与传统的流刑并没有太大区别，只是极远充军和烟瘴充军的距离远于流三千里而已。[19]

八、最后的流刑——发遣

清代对传统流刑的最大改变是发遣刑的创立，这也可以看成是流刑最后的回光返照，随着清末修律，流刑这种在中国存在数千年的刑罚制度也就彻底地被扔进历史的垃圾桶。

发遣是将罪犯发配到边疆地区给驻防的八旗官员当差为奴的刑罚，是清朝特别创立的刑罚。发遣有为奴、当差、种地等区别。为奴是发遣中处罚最重的刑罚，犯人或者给边防驻防官兵为奴，或者给"新旧满洲人"和新疆的维吾尔族伯克为奴，其中以给官兵为奴最多。当差是指承担各种艰苦的杂役，如在驿站充当站丁，或充任水手、匠役等，发遣到新疆的犯人还有挖矿、烧窑、拉纤、挖渠、护堤等差役。种地则有拓边垦殖的性质，到新疆的发遣犯人大部分用于种地，主要与当地屯兵合力耕作，或是单独耕种。发遣犯人与边军关系密切，为奴者以给驻屯军为奴为主，所当之差也主要是为驻军及其家属服务，种地者又以附属军屯的耕种为主，但犯人不能直接发充为兵，因为入伍是对犯人的一种奖赏，而非惩罚。[20]

在当前的清宫剧中，经常能够听到皇帝对罪犯"发配宁古塔，赐予披甲人为奴"的惩罚。这其实也是发遣刑在历史上的真实写照。从顺治年间开始，宁古塔就成了清廷发遣人员的主要接收地。披甲人是八旗旗丁的一种，八旗旗丁按照身份地位，分为阿哈、披甲人、和旗丁三种。阿哈即奴隶，多是汉人、朝鲜人；披甲人是降人，民族不一，地位高于阿哈；旗丁是女真人。八旗旗丁平时耕田打猎，战时披甲上阵。

宁古塔在今黑龙江省宁安市，是清代统治东北边疆地区的重镇。满语数之六为宁古，个为塔，相传清皇族先祖兄弟六人曾居此地，故得此名。在清朝，宁古塔是一个耸人听闻的地名，它是清朝最著名的流放地。康熙时期的诗人丁介曾有诗写道："南国佳人多塞北，中原名士半辽阳"，说的就是此地。被发遣至宁古塔的流人有抗清名将郑成功之父郑芝龙、文人金圣叹家属、思想家吕留良家属、著名诗人吴兆骞等，其中相当一部分是因文字狱牵连而来。

发遣宁古塔的流人命运极为悲惨，从内地长途跋涉至冰天雪地的东北对于流人本身就是一个巨大的挑战，清人笔记《研堂见闻杂记》中对此有过细致的描述："诸流人虽名拟遣，而说者谓至半道为虎狼所食，猿狄所攫，或饥人所啖，无得生者。"许多流人在路途中就被野兽吃掉，甚至被饥民分食，能够走到宁古塔为奴为役终老此生亦是万幸了。宁古塔的生活异常艰辛，清代流放此地的诗人吴兆骞记述："官庄人皆骨瘦如柴"，"一年到头，不是种田，即是打围、烧石灰、烧炭，并无半刻空闲日子。"

吴兆骞何许人也，他是清初著名诗人，才华横溢，少年时就被誉为"江左三凤凰"之一。可惜文人的清高与执着让他踏上了宁古塔的发遣之路。顺治十四年（1657），吴兆骞乡试中举，本该是件值得庆贺的事，却受人诬陷，牵涉"南闱科场案"。

翌年，吴兆骞赴京接受检查和复试。在复试中，又发书生意气，当时所有的殿试举子都戴上枷锁答卷，但他不堪受辱，交白卷以示抗议。顺治皇帝亲审吴兆骞的案件，最后虽然查明他没有舞弊，但仍然将其重责四十板，产籍没入官，父母兄弟妻子一并流放宁古塔。他的朋友吴梅村为他的执拗写下一段令人无奈的诗句："生男聪明慎莫喜，仓颉夜哭良有以。受患只从读书始，君不见，吴季子！"

吴兆骞在宁古塔受尽折磨，在冬天只能用斧子敲凿冰块，粗粮为食。好在他有一群始终关心他的朋友。他的好友顾贞观（字梁汾）在给他送行时就许下诺言，必定全力营救。为了朋友，顾贞观向当时太傅明珠之子纳兰性德求援，纳兰性德开始并未允诺。一年冬天顾贞观寓居北京千佛寺，环顾皑皑冰雪，想起冰天雪地生死未卜的好友以及当初的许诺，不禁潸然泪下，遂写下感人肺腑的千古名篇《金缕曲》两首："季子平安否？便归来、平生万事，那堪回首！行路悠悠谁慰藉？母老家贫子幼。记不起，从前杯酒。魑魅搏人应见惯，总输他覆雨翻云手。冰与雪，周旋久。泪痕莫滴牛衣透。数天涯、依然骨肉，几家能够？比似红颜多命薄，更不如今还有。只绝塞、苦寒难受。甘载包胥承一诺，盼乌头马角终相救。置此札，兄怀袖"。"我亦飘零久。十年来，深恩负尽，死生师友。宿昔齐名非忝窃，试看杜陵消瘦，曾不减、夜郎潺。薄命长辞知己别，问人生、到此凄凉否？千万恨，为君剖。兄生辛未吾丁丑，共些时，冰霜摧折，早衰蒲柳。词赋从今须少作，留取心魂相守。但愿得、河清人寿。归日急翻行戍稿，把空名料理传身后。言不尽，观顿首。"

这两首词所体现的人间至情，那种对好友的牵挂、关切让人动容，令人涕泪不止。纳兰性德见到此词，大为感动，说："何梁生别之诗，山阳死友之传，得此而三。此事三千六百日中，弟当以身任之，不需兄再嘱之。"顾贞观曰："人寿几何，请以五载为期。"感动万千的纳兰性德终于同意解救吴兆骞，答应在五年之内一定完成此事，并表明自己营救兆骞当义不容辞："绝塞生还吴季子，算眼前外皆闲事。知我者，梁汾耳！"经过很多人的努力，吴兆骞终于被赎了回来。康熙二十年（1681），在发遣二十三年后，吴兆骞与家人终于启程南归，重还关内，当年的青春少年，如今已是白发苍苍。

吴兆骞是幸运的，因为他有这么多关心他的朋友，而且还能得朝廷权贵相助，甚至因为文章上达天听，受到康熙皇帝的赏识，最后回归故土。而更多的宁古塔的流人就只能终老异乡了，一位宁古塔流人在悼念亡妻的诔文中写道："及天降灾而人遭祸，家已破，人已亡，流离颠沛，随地悲伤。视黄河之汹涌而目眩，瞻泰山之突兀而心慌。思亲也日洒千行之泪，思女也夜回九折之肠。宿孤庙而踟蹰，投野店而彷徨。氏犹且扶我病躯而肩负幼子，口衔食物而手挟衣囊。虽忍饥而冲夜雾，即葛屦而履晨霜。吁嗟乎！吾得苟延性命以至于今者，皆氏之彻夜看视，寒凉迭进，而使得离床。初则为贤良之内助，后则为患难之糟糠。细思其始末，吾宽（实）心痛恐至瞑目而犹不忍忘。哀哉久离桑梓之地，终焉沙漠之乡。难受者火坑之厄，邀恩者雨露之凉。赁屋于西关之侧，栖身于大路之旁。寒威透体，冻雪堆墙，冷风穿壁，微月当窗。氏则拥衾辗转，吾亦倚枕思量……饮冰茹蘖，以至小康。拮据而寸心尽碎，操劳而食指皆僵。吾嗜醇醪而无端歌泣，挥翰墨而自为短长。卒至萍踪偶合，耕田筑室于东京者为安身立命之场……"，宁古塔流人的无限辛酸又岂是这短短的悼文且能言尽。

注释:

1. 参见《史记·五帝本纪》。
2. 参见《史记·殷本纪》。
3. 参见《史记·屈原列传》。
4. 瞿同祖:《中国法律与中国社会》,中华书局,1981年,第111页。
5. 参见《史记·秦始皇本纪》。
6. 参见《汉书·淮阳宪王钦传》。
7. 参见《后汉书·郭躬传》。
8. 参见《汉书·刑法志》。
9. 参见《三国志·魏志·钟繇传》。
10. 更为详细的论述请参见前述"反反复复的肉刑兴废"。
11. 参见《隋书·刑法志》。
12. 沈家本:《历代刑法考》,中国检察出版社,2003年,第286页。
13. 沈家本:《历代刑法分考(中册)》,分考十,中国台湾商务印刷馆,1976年。
14. 参见《元史·刑法志》。
15. 吴艳红:《明代流刑考》,《历史研究》,2000年第6期。
16. 参见《史记·卫将军骠骑传》。
17. 沈家本:《历代刑法考》,中国检察出版社,2003年,第264页。
18. 参见吴艳红:《明代流刑考》,《历史研究》,2000年第6期。
19. [美]D·布迪、C·莫里斯:《中华帝国的法律》,朱勇译,江苏人民出版社,2004年,第84—85页。
20. 吴艳红:《试论中国古代的"发罪人为兵"》,《中外法学》,2001年第2期。

第六章

形形色色的死刑

在所有的刑罚中，死刑的历史是最漫长的。一部刑罚的历史在某种意义上，就是死刑从产生到发展，直至受限的全过程。作为一种剥夺生命的刑种，死刑本来并不具有可分割性，但在刑罚史上，统治者为了最大限度地发挥死刑的威慑作用，曾一度变换死刑的执行方式，规定了形形色色、残忍至极的死刑方法，仅仅法定的常见死刑，就有十余种。翻开历史，你会发现，在人类文明演进的历程中，曾经有过那么一段无比血腥，让人触目惊心的时代。

一、死刑纵览

1. 绞

绞刑，又称缢刑，是古代死刑中最"人道"的一种，它为罪人保其全尸，在非常注重"身体发肤，受之父母，不敢毁损"的古代，这种刑罚当属最轻之死刑。绞刑最早见于春秋时期，《左传·哀公二年》有"若其有罪，绞缢以戮"的记载，杜预注解说："绞，所以缢人物。"也即用绳带之类，将人缢死。按照沈家本推测，绞刑应该起源于自缢行为。春秋时，鲁杀公子庆父，郑杀公孙黑，楚杀成得臣、公子侧，皆让罪人自缢。[1]

与绞刑相似的是磬（罄）刑。《礼记·文王世子》云"公族起有死罪则磬于甸人"，郑玄注解说："县（悬）缢杀之曰磬。"磬的本意原是古代的乐器，用石头或玉作成，演奏时，将磬悬于木架之上。古人联想丰富，人被缢杀之后，尸体高悬于室，类似磬这种乐器，因此把缢死后尸体的悬挂状态称为"磬"。北周规定死刑五种：一磬，二绞，三斩，四枭，五裂。磬与绞分列，说明它们在执行时可能存有区别。绞刑只需用绳索把人勒死，而不一定要悬挂，但磬刑在缢后可能还须悬挂。[2]

绞刑正式进入法典，始于北周、北齐。隋《开皇律》沿用，定死罪为绞、斩二刑。从此以后，绞刑作为正刑，此后除元代有斩无绞，其余各朝均列于正刑内，一直延续至清末。和其他死罪相比，绞刑是最轻的死刑。绞缢能使人保持完整的尸体，因此一般用于罪轻的死囚，或者是对犯死罪的皇亲国戚、高官权贵的一种"恩赐"。如安史之乱时，唐玄宗偕杨贵妃逃至马嵬坡前，将士相逼，玄宗不得不赐杨贵妃自缢，其时杨贵妃才38岁，可怜杨贵妃被赐死时还说："妾诚负国恩，死无恨矣。"

在中国古代，绞刑并非以西方常见的悬吊方式处死犯人，[3]而是慢慢地把犯人绞勒死，其残忍性可想而知。绞刑的方式一般有三种：一种是将犯人跪绑于行刑柱上，然后用绳圈套在犯人颈上，由两名行刑人员各在绳套上插进一个小棒，然后把绳子绞紧将犯人勒死；另一种则是将犯人立绑于行刑柱，套绳圈于颈，由执刑者在柱后逐渐绞紧，把犯人勒死；第三种是把弓套在受刑人脖子上，弓弦朝前，行刑人在后面旋转弓。弓越转越紧，受刑人的气也就越来越少，直到最后断气。这类刑罚让受刑人在死亡之前，仍要承受巨大的痛苦，因此很多人都事先给刽子手行贿，以避免更大的痛苦。清代著名文学家方苞在《狱中杂记》曾有这种记载："凡死刑狱上，行刑者先俟于门外，使其党入索财物……其绞缢，曰：'顺我，始缢即气绝；否则三缢加别械，然后得死'。"

2．斩杀

斩杀之刑，今人俗称杀头，这是古代最常见的死刑执行方法之一。先秦时，"斩"特指斩腰，而非斩首，而"杀"是将人身首分离，因此《周礼·秋官·掌戮》的注解说："斩以斧钺，若今要（腰）斩也；杀以刀刃，若今弃市也。"斩和杀之间的区别一目了然。汉以后，腰斩、斩首都被统称为斩，刘熙《释名》云："斫头曰斩，斩腰曰腰斩。"但为了相互区分，汉代改称斩首为"杀"、腰斩为"斩"。隋唐时期，腰斩被废止，因此斩和杀也就合二为一，都指让人身首异处的斩首之刑。由于斩刑让人头颅和身体分离，就像木头断裂分异、殊绝，所以五代时期，常以殊死指代斩刑，或将应受斩刑之罪称为殊死之罪。如北齐大辟四等，其中"斩刑，殊身首"，"绞刑，死而不殊"。从死者的痛苦程度而言，斩杀算是最轻的，一刀毙命。但斩死者不能保留全尸，这对罪人而言，实是一种莫大的侮辱，因此在死刑等级中，斩要严厉于绞刑。自隋定死刑为斩、绞二等，以后历朝皆循此制（除元朝外，有斩无绞），死刑唯此两项，至于凌迟等其他死刑方法，并不入正刑之类。[4] 斩首作为一种正刑，在清亡后才被枪毙所取代。

最初，无论腰斩还是斩首，其刑具都是斧头，所以斩字部首从"斤"而非"刀"，这是因为上古时期，刀是用青铜制成，而青铜较软，不够锋利，只有做成斧，才能轻易让人毙命，铁器普及后，刀才渐渐取代斧，成为斩刑的刑具。但刀虽然锋利，却也容易磨损，行刑时还是需要技巧，因此职业剑子手也就应运而生。这种行刑人能将杀人技巧演练得炉火纯青。瞄准犯人颈部的脊椎骨空隙，一刀下去，犯人就能登时毙命。

较之斩首，腰斩更为残忍，《汉书·张苍传》对此刑执行场面有过描述："苍坐法当斩，解衣伏质，身长大，肥白如瓠……"，罪人被剥去衣服，趴伏在质（类似于现今菜场砍肉的大木砧）上，然后用斧钺将罪人从腰部斩杀，使人一分为二，因此此刑也被称为一刀两断。腰斩之后，罪人并非马上毙命，受刑之后知觉尚存，必然要经过一番痛苦的抽搐挣扎才能气绝。明成祖杀方孝孺时用的就是腰斩，据说方孝孺被一刀两断之后，仍能以肘撑地爬行，以手沾血连书十二个"篡"字。清朝雍正年间，福建学政俞鸿图，因其妾收贿，勾结仆人在考场作弊，俞鸿图后被腰斩，俞鸿图被斩为两段后，在地乱滚，以手蘸血，一连在地上写了七个"惨"字方才断气。雍正听闻此事，才下令废除了腰斩之刑。

秦朝开国元勋李斯就曾为赵高陷害，腰斩于咸阳，并夷三族。临刑之时他对儿子说："我想和你牵着黄狗，驾着苍鹰，出上蔡东门去打野兔子，可惜再也不能够啦。"言罢父子抱头痛哭，双双被害。李白《行路难》曾提及此事，无限感喟，诗曰："陆机雄才岂自保，李斯税驾苦不早。华亭鹤唳讵可闻，上蔡苍鹰何足道。"如果李斯能早点功成身退，又何至遭此厄运。

南北朝时，腰斩渐被废止，唐以后的法律皆无腰斩规定，虽然后代史书不乏腰斩处死的记载，即使在盛世唐朝，也不乏此刑之适用。如《资治通鉴》记载：贞观二十二年（648），"太宗怒，腰斩辩机，杀奴婢十余人"。辩机因与高阳公主私通，唐太宗下令腰斩辩机。又如唐文宗大和九年（835）宰相王涯卷入"甘露之变"惨遭灭族腰斩，"及涯家被收，沐适在其第，与涯俱腰斩"，其远房表弟王沐更是倒霉，因穷困潦倒王沐从家乡骑着毛驴辗转两年多才见到王涯，本想谋个差事，不料正赶上抄家捉人，和王涯及族人一起被腰斩。北宋年间，腰斩仍然存于世间，如历史上赫赫有名的包青天，那三把铡刀，就是腰斩的行刑工具。当然，此时之腰斩多属法外酷刑，而非常法也。

3．枭首

枭首即将人头悬在木杆上示众的刑罚。枭首其名源自"枭"这种鸟的死亡方式。《说文解字》说枭是一种不孝之鸟，母枭为幼枭觅食，但待母枭精疲力竭无法喂养幼枭时，幼枭便一起啄食母枭，母枭无力躲避，只能用嘴咬住树枝，任幼枭啄食。母枭之肉被啄食干净之后，树枝上也就只剩母枭之首。

枭首之刑最早出现在商末，《史记·殷本纪》记载：武王灭商，"斩纣头，悬之白旗"。但武王此举，更多的是对商纣的羞辱，而非一种正式的刑罚。真正将枭首作为正刑是在秦朝。《秦会要补订》有："悬首于木上杆头，以示大罪，秦制也。"秦朝时枭首被普遍适用，《史记·秦始皇本纪》记载："始皇初，嫪毐作乱，败。其徒二十人皆枭首。车裂以徇，灭其宗。"汉承秦制，对谋反、大逆、不孝、巫蛊者皆用枭首之刑，如汉高祖"枭故塞王欣头于栎阳市"。[5]汉武帝"捕为巫蛊者，皆枭首"。

枭首一般是针对谋反等重罪而言的，其刑较斩首为重。晋时张斐《律序》说，"枭首者恶之长，斩刑者罪之大，弃市者罪之下"，一般的杀人行为最多只能判斩首，判处枭首则属轻罪重判。《汉书·原涉传》载：原涉为家修墓，过于豪奢，违反规定，于是茂陵令尹公派主簿将其家墓捣毁，原涉非常生气，于是派人将主簿杀死。原涉后投案自首，本想换个宽大处理，不料被枭首示众。后人评及此事，认为处死原涉并无不当，但判枭首之刑过重，诚属违法之判决。南北朝时，梁律大罪为枭首；陈朝亦用梁法；北魏、北周也有枭首刑。隋朝除之。后世偶有行之，但都为非常之发，然而到明、清之时，枭首在法典中又再次出现，直到清末才被废止。

枭首之刑，斩头于市，令头上不及天，下不及地，这在相信灵魂不灭的古人看来，其刑罚较之斩首，更为可怕。另外，把人头悬于城门，也是对他人的一种强大威慑。清雍正年间，因为年羹尧案，其秘书汪景祺也被牵连，汪景祺曾著《西征随笔》，在"历代年号论"中谈到明英宗年号"正统"，却有土木堡被俘之狼狈，明武宗年号"正德"，却以玩世不恭，不理朝政而声名狼藉、元顺帝年号"至正"，却被朱元璋推翻。这自然让多疑成性的雍正皇帝想到了自己的年号，于是在汪氏手稿上亲笔朱批："悖谬狂乱，至于此极！"汪景祺被斩首枭示，人头被悬挂在北京菜市口的闹市区，这一挂就是近十年。直到乾隆即位后，才有大臣上奏说菜市口本是商贾云集之处，长年累月挂着个骷髅，实在有碍观瞻，也妨碍大家经商，骷髅头才被取下。

4．弃市

《礼记·王制》曰"刑人于市，兴众弃之"。弃市就是在街市等人数集中的地方将人处死。据孔颖达考证，弃市最早是殷商之法。但它真正载入法律当是秦朝，秦朝有"偶语《诗》《书》者弃市""同父异母相与奸，何论？弃市""士伍甲无子，其弟子以为后，与同居，擅杀之，当弃市"等大量细密周详的法令。[6]弃市的根本目的在于威慑民众，以儆效尤。至于具体的死刑执行方法可能多种多样，如秦二世时期，"公子十二人戮死于咸阳市"、李斯"腰斩于咸阳市"。据沈家本考证，汉代弃市乃斩首之刑，而魏晋以下，弃市为绞刑。[7]南朝宋、齐、梁、陈、北朝魏并有弃市之名，皆谓绞刑。[8]北周及隋唐之后，法律虽无弃市之名，但绞、斩等法在闹市行刑并将犯人暴尸街头的弃市行为却非常普遍。如《资治通鉴》记载唐朝酷吏来俊臣"弃市。时人无不快其死。仇家争啖俊臣之肉，斯须而尽，挟眼、剥面、披腹、出心、腾踏成泥。"明清两朝，弃市亦不绝于世，当时最著名的弃市场所是菜市口，明朝忠臣杨继盛、袁崇焕，清代戊戌六君子谭嗣同，清末权臣肃顺等人均在此处"弃市"。

清代许承尧曾有《过菜市口》一诗："薄暮过西市，踽踽涕泪归。市人竟言笑，谁知我心悲！此地复何地？头颅古累累。碧血沁入土，腥气生伊戚。愁云泣不散，六严闻霜飞。疑有万怨魂，逐影争啸啼。左侧横短垣，茅茨复离离。此为陈尸所，剥落墙无皮。右侧竖长竿，其下红淋漓。微闻决囚日，两役异囚驰。高台夹衢道，刑官坐巍巍，囚至匍匐伏，瞑目左右欹。不能辨颜辅，乱发参霉泥。砍刀厚以寸，锋钝断腕迟。一役指囚颈，一役持刀锋。中肩或中颅，刃下难邃知。当囚受刃时，痛极无声噫。其旁有亲属，或是父母妻，泣血不能代，大踊摧心脾。"弃市之残忍，又岂是此诗能够道尽。

5. 戮刑

戮刑是一种既剥夺犯罪人生命又对其加以侮辱的刑罚。古时戮刑可以分为两种，生戮和死戮。生戮是先戮后杀，死戮是先杀后戮。

对于相信"身体发肤，受之父母"的古人而言，戮刑被人们视为奇耻大辱。早在夏朝时期，就有"弗用命戮于社"的生戮之刑。秦代此刑更是普遍，《睡虎地秦墓竹简·法律答问》有："戮者何如？生戮，戮之已乃斩之之谓也。"《史记·秦始皇本纪》载，秦二世上台就将其兄弟全都杀死，其中"六公子戮死于杜"，这些都是先戮后斩的生戮。及至唐代，亦不乏生戮之记载。《旧唐书·酷吏传》载：武则天长寿二年（694）唐侍御史"（万）国俊至广州，遍召流人，置于别所，矫制赐自尽，并号哭称冤不服。国俊乃引出，拥之水曲，以次加戮，三百余人，一时并命"。这三百余人就是被先戮后杀，为生戮也。

与生戮相比，死戮更为常见，其中最普遍的就是戮尸之刑了。戮尸出现于春秋时期，相传管仲相齐时，齐国百姓好厚葬，桓公非常担心，认为长此以往，"布帛尽则无以为币，林木尽则无以为守备"，希望管仲想一个办法制止百姓厚葬废财，管仲于是下令"棺过度者戮其尸"，堵塞百姓逐名利之心。这当是最早的戮尸记载。伍子胥掘楚平王之墓，鞭尸三百，更是为人熟知。

秦朝戮尸之刑亦不少见，《史记·秦始皇本纪》载："八年（前239）王弟长安君成蟜将军击赵，反，死屯留，军吏皆斩死。迁其民于临洮。将军壁死，卒屯留、蒲鶮反，戮其尸。"东汉末期，农民起义领袖张角死后也被剖棺戮尸。[9]

魏晋南北朝时，戮尸之举也不绝于史，及至盛世唐朝，史书也不乏剖棺戮尸之记载，就连忠心耿耿的谏臣魏征，死后也难逃李世民的掘墓鞭尸之怒。

到了明朝，戮尸甚至成为法律明定的刑罚之一，《明律》规定：谋杀祖父母、父母、杀一家三人等罪都要"剉碎尸体"。

至于清朝，在文字狱方面，更是将戮尸之举推向了一个前所未有的高度，造就了人类思想史上最黑暗的一幕。

康熙初年，因明史案，牵连数百人，主犯庄廷鑨被掘墓开棺焚骨。康熙末年因《南山集》，涉及戴、方两大名门望族，案主之一的方孝标遭戮尸，另一案主戴名世被处极刑，牵连甚重，凡两家亲属朋友，或被杀戮，或遭戍为奴，其中不少都是知名学者文士，如方苞都被牵连入狱。[10] 雍正年间，查嗣庭（金庸先祖）在做江西考官时出了一道"维民所止"。被人密告雍正，说试题有影射陛下断头之意。"维"是去了头的"雍"字，"止"是去了头的"正"字。"维止"也即去头之"雍正"。雍正大怒，立即将查嗣庭下狱问罪。可怜查嗣庭不明就里，反而辩解说，该试题出自《诗经·商颂·玄鸟》："邦畿千里，维民所止。"本意为国都附近的千里土地，实是百姓安居乐业的场所，实为雍正歌功颂德，何来反逆之意。事后雍正差人找来《诗经》，见果有"维民所止"一语，但为顾全自己颜面，还是强词夺理，硬说查嗣庭"犯上悖逆"，查嗣庭无辜遭祸，含冤死于狱中，死后被戮尸枭示，家人或死或流。随后又发生了曾静案，曾静利用明末清初的思想家吕留良的著作中某些观点从事谋反活动，雍正大怒，把死去几十年的吕留良开棺戮尸示众，吕留良后人、学生甚至为他刻书藏书者连同家属均被牵连处死。

6.磔

磔刑是一种分裂肢体后悬首张尸示众的酷刑。《周礼·秋官·掌戮》："掌斩杀贼谍而搏之"，"杀王之亲者，辜之"，郑玄注释说："搏"和"辜"都是磔。"搏"是去衣磔之，"辜"通"枯"也，意思是分裂躯体。[11] 今人见之猪被屠宰后在市场悬挂销售之状，大致貌似于古之磔刑。秦时磔又称矺死,《史记·李斯传》载:"十公主矺死于杜。"《史记索引》说:"矺音宅,与磔同,古今字异耳,磔谓其裂其尸体而杀之。"汉初死刑中也有磔。但到景帝中元二年(前148),并磔于弃市,凡非妖逆不得用磔。磔刑为弃市取代,不再张尸悬首。但法虽除而习惯未尽除,此后磔尸现象虽仍存在,但多是法外之刑,[12] 非正刑也。

后人多有将磔刑与车裂、凌迟混淆,但三者只是碎人尸体相似,它们在执行方式上相去甚远,另外后两刑也并无"刳其胸腹而张之,令其干枯不收"之意,当然,车裂、凌迟的灵感可能也起源于磔刑,因为它们的残忍性实在比磔刑更甚。

7．车裂

车裂俗称五马分尸,就是把人的头和四肢分别绑在五辆车上,套上马匹或牛车,分别向五个不同的方向拉扯,直到把罪人身体撕成五块。车裂古时称为辕或车辕。《周礼·秋官·条狼氏》说:"凡誓,执鞭以趋于前,且命之。誓仆右曰杀,誓驭曰车辕。""车辕,谓车裂也。"[13] 春秋战国时期,史书中有大量关于车裂之刑的记载,其中最著名的莫过于商鞅了。商鞅因变法得罪太多权贵,又不愿退隐山林,功成身退,结果秦孝公一死,商鞅就被秦惠王车裂处死。此事在《史记·商君列传》《战国策·秦策》《韩非子·和氏》等史籍中多有记述。

车裂既包括生裂,也包括死裂,前者是把活人当场"五马分尸",而后者则是在人死之后再行车裂。与生裂相比,死裂主要是对罪人的侮辱,同时以儆效尤。吴起、苏秦、嫪毐、赵高等人都在死后受过此刑。这其中,最另类的当属战国著名说客、身佩六国相印的苏秦，他受车裂是其主动要求的。《史记·苏秦列传》载：苏秦相齐时，齐王身边有很多与苏秦争宠的人，非常嫉妒苏秦，于是有人就派刺客趁苏秦不备将其刺成重伤。齐王派人缉拿凶犯，但无功而返，苏秦于是向齐王请求在他死后向天下宣布苏秦是燕国的奸细，然后把尸体车裂示众，这样刺客一定会跳出来讨赏，这样就可以将他们一网打尽了。齐王依计，将苏秦车裂于市，刺客和主谋果然相继邀功，被齐王诛杀。苏秦的才智和谋术可见一斑。

　　秦朝之后，车裂并不多见，但是史书上也不乏记载，这主要针对的是谋反、忤逆不孝等重罪使用。《吴书·孙奋传》载：三国时吴国末年，民间谣传，吴王孙皓将死，死后孙奋与上虞侯两人中当有一人承继帝位。豫章（今江西南昌）太守张俊怀疑传言事出有因，正好孙奋母亲的墓冢在豫章，于是主动给孙奋的母亲扫墓。孙皓听闻，非常生气，命令逮捕张俊，将他车裂处死，并灭其三族。十六国时，一些严重违反伦理道德的行为也可被车裂处死。崔鸿《前凉录》记载：前凉姑臧（今甘肃武威）有个叫白兴的人以女为妻，以妻为婢女。凉王张骏认为此等恶行令人发指，遂下令将白兴车裂于市。前秦苻坚年间，有人偷窃了母亲的钱财而逃走，后被抓获，本来被判流放，但苻坚的母亲认为不孝是最恶之罪，于是该犯被车裂处死。[14] 南北朝时期，车裂甚至进入法典，如北齐，死刑分为四等，最重为车裂，北周死刑分五等，最重也为车裂。

　　由于车裂过于残酷，因此它屡遭时人诟病。周赧王时，齐王曾定车裂之刑，群臣纷纷进谏劝阻，但齐王不听。后来子高（孔子的后人）对齐王说："车裂之刑，无道之刑也，君欲行之，这都是您下属臣僚的过错啊！"齐王倒是直言不讳地承认这是自己的决定，并说明行车裂的理由是因为刑罚太轻，无法遏止严重的犯罪，因此必须严打，加重刑罚。但子高还是一口咬定是齐王臣僚罪过，认为当前天下纷争，有志之士都愿投奔有德之君主，所谓“天下悠悠，士无定处，有德则住，无德则去。”如果滥用酷刑，就会失去声望，“国内之民将叛，四方之士不至，此乃亡国之道。”对于这种关系国之生死存亡的大事，齐王臣僚却因为害怕担责任而不敢坚持正确的意见，怕有“龙逢、比干之祸”，这实在是为了保全自身而不惜使君上同于桀、纣那样的暴虐之君。子高巧妙的劝说方式让齐王自觉理亏，又有台阶可下，于是很快齐王就取消了车裂之刑。

但是遗憾的是，车裂之刑并未在历史上真正废止，它总是废了又复，复了又废。开皇元年（581），隋高祖杨坚更定新律，废除鞭扑、枭首、轘裂之法。诏曰：“帝王作法，沿革不用，所取适于时，故有损益。夫绞以致毙，斩则殊刑，除恶之体，于斯已极。枭首轘身，义无所取，不益惩肃之理……并令除去”。不幸的是，杨坚死后，隋炀帝杨广又将车裂恢复，当时杨玄感谋反，兵败被擒，参与谋反的罪重之人或被车裂，或被枭首，或被磔断躯体并乱箭射死，杨广甚至命令文武百官从死者身上割下肉来食之，手段残忍，令人发指。当然，杨广此举只是历史的一个小小反复，杨坚废除车裂等酷刑毕竟代表了时代发展的趋势，隋覆灭后，唐后罕有车裂记载。[15]

8. 醢

醢刑是一种把人剁成肉酱的酷刑。此刑当属商纣首创，《殷本纪》记载：“九侯有好女，入之纣。九侯女不喜淫，纣怒，杀之，而醢九侯。鄂侯争之疆，辨之疾，并脯鄂侯。”仅仅因为九侯之女无法满足商纣的兽欲，就被杀死，其父被剁成肉酱，说了几句公道话的鄂侯也惨遭不幸，商纣的暴虐注定了殷商的覆灭，这也就是

《离骚》所说的："后辛之菹醢兮，殷宗用而不长。"

与醢刑相似的是脯刑，这是将人剁成肉酱后再做熟分给他人食用，"肉酱为醢，肉熟为脯"，较之醢刑，脯刑更为残忍，上述鄂侯就是此刑的罹难者。

春秋战国时期，醢刑并不鲜见，孔子的得意门徒子路就曾受此刑。《礼记·檀弓》载：子路在卫国内乱中被杀，孔子非常伤心，在中堂痛哭流涕，当听到子路竟然是被醢而死，孔子更是悲痛欲绝，为了避免触景生情，他把自己家里的肉酱也给倒掉了。在《左传》中也有大量关于醢刑的记载，如庄公十二年（前682），宋人南宫万和猛获弑君，相继逃亡，猛获逃到卫国，被卫国遣返，南宫万逃到陈国，卫人向陈国行贿，要缉拿凶犯。于是陈人派美女陪南宫万饮酒作乐，待其酩酊大醉之后，用犀牛皮包裹起来交给宋人，两人都被处以醢刑。

汉朝之初对于谋反等严重犯罪常常使用醢刑。《汉书·刑法志》记载：(汉初)令曰："当夷三族者，皆先黥、劓、斩左右趾，笞杀之，枭其首，菹其骨肉于市。"菹就是醢刑，按照汉初规定，谋反被判族诛必定要附加醢刑。开诛杀功臣风气之先的刘邦就曾以谋反之名诛彭越，处醢刑，还将彭越之醢遍赐诸侯。[16] 如此对待功臣，实在让后人心寒，武帝时投降匈奴的李陵在《答苏武书》中，仍提及彭越之冤，他不无激愤地指出："足下又云：'汉与功臣不薄。'子为汉臣，安得不云尔乎！昔萧、樊囚絷，韩、彭菹醢，晁错受戮，周、魏见辜；其馀佐命立功之士，贾谊、亚夫之徒，皆信命世之才，抱将相之具，而受小人之谗，并受祸败之辱，卒使怀才受谤，能不得展，彼二子之遐举，谁不为之痛心哉！陵先将军，攻略盖天地，义勇冠三军，徒失贵臣之意，刭身绝域之表。此功臣义士所以负戟而长叹者也！何谓'不薄'哉？"在极端专制的年代，卸磨杀驴简直太过平常。刘邦死后，汉惠帝除醢刑，但醢刑之名却已深入人心，以至于汉景帝时吴王刘濞以"诛晁错，清君侧"为名，率诸王造反，自称"敢请菹醢之罪。"可见，醢刑已经深深在时人心中打下烙印。晋承汉律，醢刑未见律载，只是对谋反大逆之犯偶有使用，属权宜之法，《晋书·刑法志》曰："至于谋反大逆，临时捕之，或污潴，或枭菹，夷其三族，不在律令。"较之两汉，晋朝还是有进步的。

晋以后，史书中罕有醢刑记载，但历史却偶有反复，北宋又复行醢刑，而且比以往更为惨烈。先前诸代醢刑仅限于谋反大逆等重罪，但宋朝居然以此镇压盗贼，宋真宗时冀州知府张密学获一"巨盗"，"设架钉于其门，凡三日醢之"。[17] 由于醢刑极为残忍，故一般只限于杀一儆百，每次醢刑之人不过一二人而已，但宋仁宗庆历四年（1044），环州欧希范造反被抓，其同党十数人"剖其腹，绘五脏图，仍醢之以赐诸溪洞中"，[18] 此种醢刑估计商纣也自叹弗如。

9. 炮烙

炮烙，也称炮格，是在铜格上涂上油，在其下生火，令罪人行走其上，人烂坠火而死。相传，此刑为夏桀所创。据《玉函山房辑佚书·符子》记载：桀观炮烙于瑶台，问大臣关龙逢说："乐乎？"龙逢回答说快乐。桀于是开始引蛇出洞："观刑曰乐，何无恻怛之心焉？"龙逢回答道："天下苦之，而君为乐，臣为君股肱，孰有心悦而股肱不悦乎？"桀继续诱敌深入："听子谏。谏得，我改之；谏不得，我刑之。"可怜龙逢硬要说真话，回答道："君王的帽子是摇晃欲坠的危石，君王的鞋履是薄脆欲裂的春冰。头顶危石而不被压死，脚踩春冰而不塌陷，那是不可能的。"桀冷笑道："我与太阳共存亡的。你认为我要死亡，却不知自己死期不远了，现在就让看看炮烙的厉害。"龙逢从容不迫，唱着歌："造化劳我以生，息我以炮烙。去故涉新，我乐而人不知。"纵身乃赴火而死。[19] 龙逢大概是中国第一位因说真话而被处死的人。[20]

由于关龙逢死于炮烙的说法仅见于《符子》，《史记·夏本纪》和《竹书纪年》都未提此事，因此后人多认为，炮烙之刑可能始于商纣，而非夏桀。大概夏桀、商纣同属荒淫无道亡国之君，所以后人往往将两人混同，将商纣的账算到夏桀身上了，沈家本也持此说。

纣王发明炮烙是为讨妲己欢心，据《史记·殷本纪·索引》说，炮烙的灵感是纣王因为看见蚂蚁爬入烧热的铜斗上被烙伤，不能继续爬行，只是在那里翻滚、挣扎而死，觉得有趣，于是"为炮格，炊炭其下，使罪人步其上。"正是没有任何约束的权力让纣王的"灵感"成为现实，这又为"权力导致腐败，绝对权力导致绝对腐败"添加了一个新的注脚。由于炮烙实在恐怖至极，令人发指，许多诸侯皆有异议，但多怕纣王加害，不敢直言。周文王灭商之前，曾被纣王囚禁，想必亲见炮烙之惨烈，所以出狱之后将洛水西边的一块土地献给纣王，请除炮烙之刑，商纣居然同意了。估计当时文王已有反意，此举多是为收买人心。无论商纣是否废炮烙之刑，文王的举措都大得人心。后人评及此事，认为："纣因天下怨畔而重刑辟，肆其暴虐，而终于灭亡。文王献地，请去炮烙之刑，而周室以兴。一兴一亡，肇于仁暴，后之议刑者，当知此意。"[21]

由于炮烙之刑实是骇人听闻，又与亡国之君商纣相关，因此后世诸朝罕有此刑记载。只是在少数民族的辽国的法律中载有炮烙。辽穆宗耶律璟也是历史上有名的暴君之一。《辽史·刑法志》说："穆宗嗜酒好猎，不恤政事，五坊、掌兽、近侍、奉膳、掌酒人等，辄加炮烙或铁梳之刑。"所谓铁梳，即铁齿梳子，用来梳罪人的身体，把肉一条条地刷下来。铁梳和炮烙并用，更是惨烈无比。炮烙之后，身上的皮肉都被烙熟了，再用铁梳，很容易把肉刷掉，只剩下白骨，罪人必死无疑。当时，有人因为丢失一只鹅没有找到，就被处以炮烙和铁梳之刑而死。穆宗的残忍凶暴较之商纣，有过之而无不及。

据后人考证，辽代的炮烙其实更多是一种肉刑，用刑时"人不必遽死，与殷纣之炮格迥不同也。"它与商纣的炮烙本有明显不同，只是对犯人肉体的摧残折磨，一般不至于毙命，但辽穆宗却将此种炮烙与铁梳合用，也算是推陈出新，登峰造极吧。其实，辽代的炮烙更近似于后世酷吏的考讯之法，而非刑罚。早在东汉时期，就有狱官从炮烙之刑中得到灵感，用来讯问人犯，如会稽人戴就就曾身受此刑，据史书记载，戴就关在钱塘县狱时，"幽囚考掠，五毒备至。就慷慨直辞，色不变容。又烧锃斧，使就夹于肘腋。就语狱卒，可熟烧斧，勿令冷。每上彭考即打，因止饭食不肯下，肉焦毁堕地者，掇而食之……"[22] 戴就被烧斧烤炙，居然还从容自如，掇食毁肉，实在是令人叹为观止。唐朝酷吏周兴更是首创请君入瓮之刑，不过是搬石头砸自己的脚，好在周兴及时悔罪，否则差点就做了第一个实验品。

真正将周兴的"创举"付诸实践的是明宣宗朱瞻基。明成祖朱棣死后，将皇位传于长子朱高炽（明仁宗），其弟汉王朱高煦一直耿耿于怀，朱高炽当了一年皇帝就龙驭归天，其子朱瞻基即位。朱高煦于是效仿乃父朱棣发动二次"靖难"，造反起事反侄。宣宗御驾亲征，朱高煦兵败。起初，宣宗对叔叔造反一事，表现了超乎想象的忍耐，朱瞻基并未将叔叔处死，只是把他废为庶人，禁锢于紫禁城西内，筑室居之，曰"逍遥城"。无奈朱高煦过于鲁莽，自寻死路，一次，宣宗前往探视，朱高煦为示愤懑，用脚将宣宗绊倒在地。宣宗大怒，"下令用铜缸覆之，缸重三百斤，高煦顶负之，辄动，乃命积炭于其上燃之。逾时，火炽铜熔，高煦死。诸子皆伏诛。"[23] 清初尤侗作《明史乐府》诗，诗云"可怜高煦亦英雄，顷刻烧死铜缸中"，即指此事。朱高煦效仿乃父，造反反侄，可惜画虎不成反类犬！这不知是不是上天对朱棣残暴的惩罚。

10．焚刑

"焚，烧也"，这是一种与炮烙相"媲美"的酷刑。它包括两种情况，一是将人活活烧死；二是将人先处死而后再焚尸扬灰。周朝就有焚刑记载，《周礼·秋官·掌戮》曰："凡杀其亲者，焚之。"杀害亲人，处焚刑，这里的亲属关系当在五服之内。焚刑多是生焚，但也不乏死焚，《左传》载：卫侯掘褚师定子之墓，焚之于平庄之上。燕骑劫围齐即墨，掘人家墓，烧死人，齐人望见涕泣，怒自十倍，由于古代火葬并未行于中国，焚尸在古人看来是对尸体的极大侮辱，如列子所言："楚之南有炎人之国，其亲戚死，剐其肉而弃之，然后埋其骨；秦之西方有仪渠之国，其亲戚死，聚柴积而焚之，熏则烟上，谓之登遐，然后成为孝子。此上以为政，下以为俗，而未足为异也。"故"列子以仪渠为异，至与朽肉者同言之。"当然，卫侯与燕人焚尸的举措只是对死者的报复和侮辱，而并非刑罚。作为刑罚的死焚应是先斩杀罪人，然后再焚毁尸体。比如《晋书·李特载记》说的"斩特及李辅、李远，皆焚其尸，传首洛阳"，《隋书·炀帝纪》中的"大业九年十二月，车裂玄感弟朝请大夫积善及党与十余人，仍焚而扬之"，都应该是死焚的范例。

据说，最早给焚刑定名之人是王莽，《汉书·匈奴传》说：王莽执政时，遣王昭君哥哥的儿子王歙、王飒出使匈奴，祝贺新单于即位，献上黄金衣被缯帛等贵重礼品，请求将叛逃到匈奴去的陈良等"引渡"回国。单于后将陈良等四十人交还汉朝，王莽于是作"焚如之刑"，将陈良等人烧死。"焚如"来源于《易经》中的"焚如、死如、弃如"之语，据后人解释："焚如，杀其亲之刑；死如，杀人之刑；弃如，流宥之刑。"所以后世又称焚刑为焚如。曹魏时历史学家如淳认为："焚如、死如、弃如者，谓不孝子也。不畜于父母，不容于朋友，故烧杀弃之，莽依此作刑名也。"多数学者也都认同此种观点，认为焚刑之名，实为王莽借易经之语首创。[24] 王莽之后，生焚并不多见，虽北齐后主高纬、金海陵王曾有使用，但皆是非常之刑，多属君主率性所为。

11．烹刑

烹刑，顾名思义，是将人煮死煮烂的酷刑。它在中国历史上，亦是源远流长。据载，周文王长子伯邑考在商都作人质，为纣王车夫。纣王将其烹为羹，赐给文王，说："圣人当不食其子羹"。文王不知是人肉羹，食之。纣王得意地对别人说："谁谓西伯（文王）圣者？食其子羹尚不知也。"商纣此举，可能是古代烹刑的最早记载。

春秋时，烹刑非常普遍。各种史籍多有记载。如《史记·齐太公世家》载：纪侯在周室进谗言，齐哀公被周夷王烹死。《吕氏春秋·上德编》载：晋公子重耳逃亡郑国时，郑大臣被瞻劝郑文公杀重耳，文公不听。后来重耳归国即位（史称晋文公），重耳兴师攻郑，指名要取被瞻，以报昔日之仇。被瞻对郑文公说："不若以臣与之。"郑文公不同意。被瞻说："杀臣以免国，臣愿之。"于是，郑文公派人把被瞻送至晋军。晋文公命令将被瞻烹死，被瞻按着鼎的铜耳，大声叫道："三军之士，皆听瞻也：自今以来，无有忠于其君。忠于其君者，将烹。"晋文公听闻此语，为被瞻忠诚所感动，于是向被瞻道歉，撤军，把被瞻送回郑国。

被瞻因忠诚免烹，但齐人文挚却因忠诚被烹。《吕氏春秋·至忠》载：齐王病，派人到宋国请文挚。文挚至，对太子说："大王的病是能够治好的，但是治好之后，他肯定会杀我啊。"太子大惑不解决，问："何故？"文挚对曰："必须让大王发怒，否则，疾不可治也。王怒，则挚必死。"太子向他叩首求告说："只要您能治好父王的病，我和母后一定要在父王面前以求相求，父王一定会看我们的面子上，赦您无罪，请您不要担心。"文挚于是答应治疗，接着，文挚让人禀报齐王，约定治疗时间。结果到了约定的时间文挚却故意不去，而且一连约了三次，皆爽约不至，齐王非常生气。不久后，文挚不期而来，他也不脱鞋子就直接上到了齐王床上，还踩着齐王的衣服，问他病情如何。齐王不理睬他，文挚又故意说气话让齐王气上加气，齐王怒不可遏，起身大叱文挚，结果病就好了。由于文挚的无礼，齐王决定把他活活烹死。虽太子和王后竭力求情，但齐王仍然坚持非烹文挚不可。据说行刑时，武士把文挚手脚捆住，脸朝上放到大镬中，加柴点火，"爨之三日三夜"，文挚却颜色不变，丝毫未损。齐王非常惊异，亲自到镬边观看。文挚说："如果一定要杀我，为什么不把我脸朝下？那样就断绝了阴阳之气，才能使我绝命。"齐王遂令人将文挚的身体翻过来，这才把他烹死。

被瞻与文挚，同是忠义之士，而命运却大不相同，后人感及此事，认为："夫忠于治世易，忠于浊世难。文挚非不知活王之疾而身获死也，为太子行难以成其义也。"其实，在漫长的专制社会中，又有几人因为忠义而有好下场呢？这可能就是伴君如伴虎的来由吧。

战国时，烹人的例子更是不胜枚举。如中山之君烹乐羊之子而遗之羹。商鞅变法时甚至把烹刑作为一种法定常刑，即"镬烹之刑"，"鼎大而无足曰镬，以鬻人也。"秦法之惨，此其一端也，唐人高适曾有诗叹曰："秦王转无道，谏者鼎镬亲。"

秦汉之间，烹刑的适用就更常见了，这可能是烹刑废止前的最后疯狂。楚汉相争时，刘邦、项羽等交战各方都偏爱烹刑。刘邦的父亲刘太公差点都成了项羽的锅中之鬼，好在项伯竭力劝阻，刘太公才免成人肉羹汤。但此事却暴露出刘邦此人的冷酷，父亲就要被投鼎镬，却仍不为所动，还对项羽说，"当初我俩拥立楚怀王，以兄弟相称，因此我的父亲也就是你的父亲。今天你如果一定要烹你的父亲，就请分一杯肉羹给我吧！"

刘邦的恶毒更体现在郦生事件中，而郦生也是烹刑历史上又一个受害者。当时刘邦采取和平与战争两手，先派郦生劝降齐王，后派韩信大兵压境。而郦生对后者浑不知情，向齐王田广保证："天下后服者先亡矣。王疾先下汉王，齐国社稷可得而保也；不下汉王，危亡可立而待也。"凭其三寸不烂之舌，成功说服田广率七十二城归汉朝。田广当时被郦生说得口服心服，与郦生纵酒行欢，以资庆祝，不料此时韩信兵临城下。齐王田广闻汉兵至，以为郦生出卖自己，乃曰："汝能止汉军，我活汝；不然，我将烹汝。"可惜郦生临死前还为刘邦辩驳，曰："举大事不细谨，盛德不辞让。而公不为若更言。"齐王遂烹郦生。郦生无非是中国历史上无数向权力献媚，旋又被权力抛弃的孤魂野鬼。

汉代及其以后，烹刑虽不再是法定常刑，但烹人之事仍史不绝书。东汉末年，董卓作乱，李旻、张安被抓，后被生烹。二人临鼎前，相谓曰："不同日生乃同日烹。"平常之语，想想亦是不胜伤感。五代十国时，后唐明宗年间，董彰谋反，姚洪奉命戍守阆州，不幸被董彰所拘，董彰劝他投降，姚洪不从，还大骂董彰："老贼！尔昔为李七郎奴，扫马粪，得一脔残炙，感恩不已。今天子用尔为节度使，何苦反邪？吾能为国家死，不能从人奴以生"，董彰怒不可遏，叫十名壮士割姚洪的肉放在锅里煮而食之，姚洪至死大骂。这是将人一边凌迟一边烹，还让他看着自己的肉被人吃掉，较之一般烹刑，此法更为惨毒。由于烹刑如此残酷，一直为人所诟病，南燕主慕容超曾下诏提议恢复秦时烹镬之法，但遭到多数大臣坚决反对，最后没有实行，由此也可见烹刑不得人心，不复入法典，但后世此刑在非常之时，却不乏使用的例子，显示封建帝王权力信马游疆，并不受法典约束。

12．笞（杖）杀

笞、杖本是轻刑，在封建五刑体系中处最轻之等，与大辟之刑有生死之悬殊。但在中国古代，笞、杖也常常作为一种死刑的执行方式。在笞、杖未分离之前，笞杖将人打死一般被称为笞杀，笞、杖分离之后，将人杖毙多称杖杀。[25]

唐朝以前，笞杀多是法外酷刑，并非法定常刑。《楚汉春秋》载：刘邦彭城兵败，项羽手下大将丁固将刘邦围住，刘邦披头散发地说："丁公何相逼之甚？"丁固遂放刘邦一马，后刘邦即位后，丁固前来请功，结果刘邦却让人将其笞杀，理由是"使项氏失天下是子也，为人臣，用两心，非忠也。"隋文帝杨坚更是非常偏好此刑，不时以笞杖荼毒大臣。《隋志》载：帝性格猜忌，经常于廷殿打人，一次，楚州行参军李君才批评文帝宠高颖过甚，文帝大怒，以马鞭笞杀之。《隋志》又说：文帝经常发怒，在六月份也常棒杀大臣。大理少卿赵绰劝谏说："季夏之月，天地生长庶类，不可以此时诛杀。"文帝却反驳说："六月虽曰生长，此时必有雷霆。天道既于炎阳之时，震其威怒，我则天而行，有何不可？"仍将大臣棒杀。

真正将杖杀变成法定常刑的是在唐朝。唐德宗建中三年（782），刑部侍郎班宏奏："其十恶中谋反、大逆、叛、恶逆四等，请准律用刑；其余犯别罪合处斩者，今后并请重杖一顿处死，以代极法。重杖既是死刑，诸司使不在奏请决重杖限。"德宗准奏，从此一顿重杖处死代替大部分死罪的绞、斩，杖杀从法外酷刑变为正刑。《唐志》认为德宗此法乃仁慈之举，说他"性猜忌少恩，然用刑无大滥"。但其实并非如此，"斩、绞而死与重杖而死，均死也，不足以言仁。且斩、绞而死，其死也速，重杖而死亡，其死也迟，其所受之苦楚，转有甚于斩、绞者，未足为良法也。"[26] 杖杀在唐朝运用得最为普遍。《旧唐书·刑法志》记载唐肃宗时期一次就将"达奚挚、张岯、李有孚、刘子英、冉大华二十一人，于京兆府门决重杖死。"又如《旧唐书·桓彦范传》载桓彦范被杖杀处死，"乃令左右执缚，曳于竹槎之上，肉尽至骨，然后杖杀。"

宋承唐律，杖杀虽不列常刑，但在实践中，此法杀人亦不少见。如宋太祖时，"商河县李瑶坐赃，杖死"。宋太宗时，"中书令史李知古坐受赇擅改刑部所定法，杖杀之"，"詹事丞徐选坐赃，杖杀之。"宋真宗时，"杖杀入内高品江守恩于郑州"。辽效宋法，五部长官也皆可杖杀部民，到辽圣宗时，"五院部民有自坏铠甲者，其长佛奴杖杀之"，圣宗"怒其用法太峻，诏夺官"。从此，官员不敢酷挞。

需要注意的是，虽然辽后，杖杀这种死刑执行方法少有运用，但是在考囚讯问过程中，以棍棒至人毙命则多有发生，虽然这种刑讯逼供手段并非刑罚范畴，但它较之刑罚，其实是有过之而无不及。

13．沈河

沈，没也。[27] 沈河，又称沉河，是把人投入河中淹死的刑罚。作为刑罚，沉河最早出现于春秋时期，《吕氏春秋·骄恣篇》说："赵简子沈鸾于河"，指的就使此刑。鸾缴是晋国赵简子之臣，赵简子好声色，鸾缴就立即献来歌女舞姬；赵简子好宫室台榭，鸾缴很快就建好亭台楼阁。但是，当赵简子想延揽人才，鸾缴却六年未曾选中一人。因此赵简子认为鸾缴是"长吾过而绌善也"，于是将其沉河毙之。更为国人所熟知的沉河之例是西门豹智送河伯妇。战国魏文侯时，西门豹为邺（今河北省临漳县一带）令。当地三老、廷掾勾结女巫，谎说为河伯娶亲，每年挑选民家女子沉入河中，骗取百姓钱财，民众苦不堪言，"多持女远逃亡"，留下者又害怕"不为河伯取妇，水来漂没，溺其人民"，不敢不从。西门豹将计就计，在河伯取妇之日，假称挑选之女不美，令女巫和三老先行通告河伯，将他们全部投入河中。从此，邺吏民不敢复言为河伯娶妇。[28]

战国时期，沉河被广泛用于对待战争的俘虏，如秦昭王三十四年（前273），白起与赵国将领贾偃交战，把赵国两万士兵沉入黄河。[29]秦朝时沈河之刑也称定杀。《睡虎地秦墓竹简·法律答问》有："定杀如何？生定杀水中之谓也。""疠者有罪，定杀"，"甲有完城旦罪，未断，今甲疠，问甲当何论？当迁疠所处之，或曰当迁所定杀"的记载。"疠"即麻风病，秦朝的定杀主要是针对有麻风病又犯罪的人，对这种犯人可以投入水中将其淹死。

沉河正式进入法典，是在北魏。《北魏·刑志》曰："巫蛊者，负羖羊抱犬沈诸渊。"用巫术害人的，要负羊拖犬，沉到深渊。这种刑罚似乎是厌胜之事，即用某种诅咒来对付邪魔鬼怪，用在巫蛊者身上算是恰如其分。后世法典，多未规定沉河之刑，但在实践中，还是屡有使用。如辽太祖时，讨平叛贼奚胡损，将其乱箭射死，并将同党三百余人，沉之狗河。[30]又如明洪武年间，金事陈养浩，在诗中写道"城南有釐妇，夜夜哭征夫"，被朱元璋知道后，认为他是讥讽朝政，遂令将其遣送湖广沈河淹死。

沈河更多是作为一种民间的私刑，早在春秋时期，就有此类私刑。《左传》载：鲁成公十一年（前580），晋国的郤犨向鲁国的声伯求婚，声伯强行将施氏的妻子嫁给郤犨。郤氏和施妻生两子，后郤犨亡，晋人将施妻及两子归施氏，施氏就把郤犨的两个儿子沉之于河。不幸的是，在不少偏远地方，即使是在两千多年以后的20世纪，此等私刑仍被保留，名曰："沉猪笼"，对待偷情者，族人可以将他们捆绑，赤身裸体塞入装猪的竹笼里，然后浸入水里，将其淹死。

沉河之刑多是生投，但也不乏死投，即把人杀死之后，将尸体投入河中，以示侮辱。汉民丧葬风俗强调入土为安，将尸体投入河中，成为鱼虾腹中之餐，显然是对死者的极大亵渎。《史记·伍子胥传》说：伍子胥因被太宰陷害，自刎而死，"吴王乃取子胥尸，盛以鸱夷革，浮之江中。"这种做法在后世也很常见。唐末昭宣帝年间，朱全忠将大臣三十余人诛杀殆尽，然后将他们的尸体全部投入河中。当时投靠朱全忠的李振曾多次赴试未中，因此特别仇恨那些进士出身的朝臣，他对朱全忠说："此辈常自谓清流，宜投之黄河，使为浊流。"朱全忠笑而从之。[31]

14．剖心

这是一种剖人胸腹，出其心脏使其死亡的刑罚，最早行此刑的也是暴君商纣。《史记·殷本纪》载："比干曰：'为人臣者，不得不以死争。'乃强谏纣。纣怒曰：'吾闻圣人心有七窍。'剖比干，观其心。"只因比干劝谏,却遭剖心之祸,纣王之酷虐可以窥豹一斑。后世用此刑者,亦不少见。前秦苻洪对待盗贼,就曾用此刑,《晋书·苻洪载记》载:"生推告贼者,杀之,剖而出其心。"及至宋代,仍残留此刑,南宋初建炎二年(1128),高宗赵构下诏"禁军中抉目、剜心之刑",这足以佐证当时军中以剜心为常,故禁之。[32]

剖心更多是作为一种惩罚仇家,祭奠死难者的私刑。剖心以祭,最早见之于五代,据《五代·吴越世家》载:润州牙将刘浩将统帅周宝赶走,推举薛朗为帅,周宝逃到常州,后病死。当时的越王钱镠派杜棱攻打常州,擒获薛朗,剖其心祭奠周宝。又如《张彦泽传》载:五代后晋时张彦泽残害百姓,曾将张武剖心断手足处死,后来果遭报应,被辽主耶律德光擒获,耶律德光派高勋监刑行刑,高勋以其人之道还治其人之身,剖张彦泽之腹,取其心祭奠死者,而民众也"争破其脑,取其髓,脔其肉而食之"。元末顺帝时,此等私刑仍然存在。至正二十二年(1362)六月,"田丰及王士诚刺杀察罕帖木儿,遂走入益都城。十一月,扩廓铁木儿复益都,田丰等伏诛,取田丰、王士诚之心祭奠察罕帖木儿"。直到清末,这种刑罚仍未绝迹,不少封疆大吏仍超越法律,剖心以惩仇家。以致沈家本感叹:"后世用刑者,每以剖心祭仇为快,得不谓之为酷虐乎?乃当今圣仁之世,明谕中外,废除重刑,而大吏尚有此种行为,殊可怪也。"

15.射杀

这是一种用箭将人射死的刑罚。《汉书·王尊传》记载:美阳有一位妇女告义子不孝,说:"儿常以我为妻,妒笞我。"经审讯,该女所诉属实。王尊于是令人将不孝之子"悬磔于树,使骑吏五人张弓射杀之。"理由是"律无妻母之法,圣人所不忍书,此经所谓造狱者也。"意思是对如此大伤风化之事，圣人不忍在律法中写上这种罪名，但此行为却是罪不容诛，因此可以创造法律，法外施刑。唐朝酷吏王懿宗较王尊更甚。唐人张鷟在《朝野金载》中说：武则天时期，和亲使杨齐庄入匈奴，被抓，后逃回唐境，但武则天认为他通敌卖国，交由王懿宗审讯，杨齐庄被判死刑。行刑之时，王懿宗令人将其"铺鼓格上，缚磔手足"，先令"段瑶先射"。三发皆中，又段瑾射之中，又令诸司百官射，箭如猬毛，仍气喋喋然微动。即以刀当心直下，破至阴，剖取心掷地，仍趑趄跳数十回。懿宗之忍毒也如此。"辽代也曾施射杀之刑。辽穆宗时，有一个叫肖古的女巫给穆宗献了一个延年益寿的药方，该药必须用男子的胆汁调和。穆宗使用此方数年，杀人无数，但却丝毫没有什么效果，于是发觉被骗，遂将女巫射杀。穆宗的残暴，让人不寒而栗。

比射杀刑更残忍的是"射鬼箭"，这主要见之于辽代，该刑是用乱箭把人射死。辽历代君王，皆喜行此刑。如辽太祖七年（913），养子涅里思参与叛乱，太祖下令"鬼箭射杀之"。天赞二年（923），太祖讨平叛贼奚胡损，射以鬼箭。天显十二年（937），辽太宗"射鬼箭于云州北"。乾亨二年（980），辽景宗"次南京（今北京市），获敌，射鬼箭。"统和四年（986），辽圣宗"以所俘宋人射鬼箭"，同年末又"以所获宋卒射鬼箭。"重熙十三年（1044），辽兴宗"获党项侦人，射鬼箭。"不胜枚举。

16．坑刑

坑刑又称生埋，生瘗，其更通俗的说法就是"活埋"。坑刑常见的有两种情形。其一是在古代战争中，一方对另一方的俘虏使用此刑。其二是统治者在镇压敌对势力时，使用此刑。

历史上残忍至极的坑刑当属秦将白起在长平一役活埋赵国俘虏四十万。秦昭王四十七年（前260），武安君白起将赵兵团团围住，"将军赵括出锐卒自搏战，秦军射杀赵括。括军败，卒四十万人降武安君。武安君计曰：'前秦已拔上党，上党民不乐为秦而归赵。赵卒反覆，非尽杀之，恐为乱。'乃挟诈而尽阬杀之，遗其小者二百四十人归赵。前后斩首虏四十五万人。赵人大震。"可以想象，四十万人被坑杀，其情其景，多么惨烈。就连白起本人也觉得此举太过残暴，以至于三年之后，他被秦王赐死，白起临死前仍提到长平一役，认为自己作孽太甚，他"引剑将自刭，曰'我何罪于天而至此哉？'良久，曰：'我固当死。长平之战，赵卒降者数十万人，我诈而尽阬之，是足以死。'遂自杀。"[33]始皇二十年（前228），秦始皇攻下少年时曾居住过的邯郸，也曾下令将当时欺侮过他的人全部"坑杀"。

　　然而历史上影响最恶劣的坑杀之事，莫过于秦始皇的坑杀儒生事件。始皇三十四年（前213），秦始皇为了加强思想控制，采纳李斯建议，下令将秦国以外的史书和民间收藏的诗书以及诸子百家书，通通烧毁，次年又将四百六十余方士和儒生，皆坑之咸阳。据说，秦始皇还不止一次坑儒，而且手段越发卑鄙和残忍。东汉卫宏在《古文尚书》中记载，"秦既焚书，恐天下人不从所更法，而诏诸生，到者拜为郎。前后七百人，乃密种瓜于骊山陵谷中温处。瓜实成，诏博士诸生说之，人言不同，乃令就视。为伏机，诸生贤儒皆至焉，方相难不决，因发机，从上填之以土。皆压，终乃无声也。"秦始皇先令人在骊山温谷挖坑种瓜，以冬季瓜熟的奇异现象为由，引蛇出洞，诱惑诸生贤儒于骊山观看。当众儒生争论不休、各抒己见时，秦始皇趁机下令填土而埋之，七百多名儒生全部被活埋在山谷里，这种秘密暗杀的手段如此"巧妙"，如此骇人听闻，被害者在不知不觉中突然死亡，外人也莫名其妙，以为他们人间蒸发，直到东汉光武帝时才被卫宏揭示。秦始皇的"焚书坑儒"是对人类思想的巨大摧残，思想界万马齐喑，愚民政策大行于世，人类的思想曾一度在封建专制的钳制中蹒跚前行。

秦朝之后，坑刑亦是史不绝书。项羽就曾效法白起，坑杀秦降卒二十多万。《史记·项羽本纪》载：秦将章邯向项羽投降，痛斥赵高劣迹，项羽封章邯为雍王，安置在项羽的军中。秦军投降之后，项羽统帅的诸侯官兵对秦军随意侮辱使唤。秦军官兵有诸多议论，认为如果无法入关灭秦，秦朝廷必定会诛杀自己的父母妻儿。诸侯军将领们暗地报告了项羽。项羽认为秦军官兵人数众多，内心并未真正臣服，不如杀之以除后患。于是楚军趁夜把秦军二十余万人击杀坑埋在新安城南。

项羽此举虽效仿秦人，但如此残暴与狭隘也就注定了他覆灭的命运。就连项羽宠妃虞姬在与项羽生离死别之际，仍在责备项羽当时之举，导致天怒人怨："妾问道，妾问道：将军不要为人患，坑却秦族二十万。怀王子孙皆被诛，天地人神共成怨。妾问道，妾问道：将军为何不肯听，将军莫把汉王轻。汉王聪明有大度，天下英雄闻驾驭。将军不悟兮如何？将军虽悟兮奈何！"的确，当时项羽的狭隘与刘邦的大度形成鲜明对比，以至于韩信决然离开楚营，投奔刘邦。因此司马迁评价项羽，说他"虐戾灭秦，自项氏。号为霸王，位虽不终，近古以来，未尝有也。项羽自矜功伐，以功勋自诩，将败亡，归于无意，最后身死东城，尚不觉悟而不自责，过矣。乃引'天灭亡我，非用兵之罪也'，岂不谬哉？"

坑杀俘虏之风延续甚久，几乎每个朝代都有。比如《后汉书·袁绍传》记载，200年曹操与袁绍军在官渡决战，曹操胜后将被迫投降的袁军部队"尽坑之"。《晋书·载记》说十六国时期坑刑更是家常便饭。310年石勒攻晋冠军将军梁巨于武德，"坑降卒万余"。317年前赵刘聪镇压平阳贵族，"坑士众万五千余人，平阳街巷为之空"。320年石虎击败前赵刘曜，"坑士卒一万六千"。321年石勒"坑"晋军曹嶷部的降卒3万人。349年石虎死后，数子争夺帝位，小儿子石冲战败，"坑其士卒三万余人"。甚至到唐宋时期，仍有坑刑存在，史载唐太宗征高丽时，"收靺鞨三千三百，尽坑之"。北宋田况镇压保州反叛士兵，借招降之名"坑其构逆者四百二十九人。"[34]

坑刑多在战争时候使用，一般不属于国家的正式常刑，但在辽代时，却曾一度在法律中规定此刑。当时此刑称"生瘗"。"有年瘗土，无年瘗土。"[35]高诱注："祭土曰瘗。年，谷也。有谷祭土，报其功也。无谷祭土，禳其神也。"生瘗就是活埋以祭地。《辽志》说："又为生瘗之刑。"《辽史·太祖记》亦有关于此刑之记载。当时对于谋反之人经常实施这种生埋之刑，"神册三年四月，皇弟迭烈哥谋叛，事觉，知有罪当诛，预为营圹，而诸戚请免。上素恶其弟寅底石妻涅里衮，乃曰：'涅里衮能代其死，则从。'涅里衮自缢圹中，并以奴女古、叛人曷鲁只生瘗其中。遂赦迭烈哥。"皇弟迭烈哥谋反，辽太祖赦免弟弟的条件是让弟媳自缢代罪，并将弟弟的亲信悉数活埋。

17．剥皮

剥皮之刑虽非官刑，但在历史上却被多次使用，其残忍性令人发指。三国时吴国末帝孙皓就喜剥人之面。[36]前秦苻生也曾剥死囚面皮，令其歌舞，观之以为嬉乐。[37]真正将剥皮之刑普遍化的是在明朝。较之前朝，明朝的剥皮刑不仅使用广泛，而且更为残忍，以往不过是剥人面皮，到了明朝则发展为生剥人全身的皮肤。这其中最著名的莫过于"剥皮实草"了，就是将活人的皮剥下来，里面塞上草，做成"人皮草袋"以儆效尤。朱元璋是历史上对官员最严苛的皇帝，最恨贪官污吏，贪污数额在六十两银子以上，就可行此刑，为了充分警告继任的官员，不要贪赃枉法，他还命令将这"人皮草袋"放置在官衙门的办公桌旁。当时，差不多每一个地方的官衙门前，都有一个剥皮场和挑贪官人头的长竿。更可怕的是，为了充分折磨受刑人，当时的法律甚至规定，"有即毙者，行刑之人坐死"，剥皮时绝对不能让受刑人早死，否则刽子手要被处决。

　　不幸的是，严刑峻法并未遏止官员的腐败，贪赃枉法的官员从来就是继往开来，后继有人，就像韭菜一样，割一茬，长一茬。仅朱元璋时期的空印、郭桓两案，就有数万官员被连累致死，但贪污腐败之风并未遏止，以至于朱元璋都大惑不解，"我效法古人任用官吏，岂料，刚刚提拔他们时，每位官员都忠于职守，奉公守法，但时间一长，一个个全都腐化变质，又奸又贪。我只能严明法纪，予以惩处。结果能够善始善终的很少，大多都家破人亡。"[38]

　　朱元璋的后世子孙也不乏喜好剥皮之人，明武宗甚至将死囚人皮制成鞍马，供骑乘之用，其心之冷酷残忍，令人咋舌。[39] 天启年间的大太监魏忠贤亦是剥皮高手。据史书记载，一日，某客栈有屋人一起喝酒，其中一人慷慨激昂大谈魏阉割祸国殃民，作恶多端，多行不义必自毙。另外四人有的沉默，有的害怕，有的劝他说话要小心。不料此人仍大声说："魏阉虽专横，总不至于剥我的皮，我怕什么。"不料一语成谶。夜间，众人熟睡，忽然有人破门而入，将该人逮走。接着又将其余四人一起带到衙门。堂上高坐着魏忠贤，魏忠贤令人将先捕的那人全身剥光，手脚钉在门板上，然后对其余四人说："这位说我不能剥他的皮，今日不妨一试。"于是令手下取来融化的沥青浇在那人身上，待到沥青冷却凝固，然后用锤子敲打，沥青和人皮一齐脱掉，形成一副完整的人皮。四人被吓得半死，魏忠贤让人赏给他们每人五两银子压惊，将他们放走。

明崇祯帝煤山自缢以后，遗老遗少先后成立了好几个小朝廷，史称南明，其中延续最长的（15年）是在西南边陲苟延残喘的永历朝廷，这个朝廷虽无所作为，但仍延续乃祖朱元璋的剥皮之风。永历六年（即顺治九年，公元1652年），武将孙可望杀陈邦传，将其剥皮传示各地。御史李如月向永历弹劾他，但永历帝不敢开罪孙可望，反而将李如月重打四十大板。后来此事被孙可望知道，孙大怒，命人将李如月剥皮。剥皮之后还将李如月的皮用石灰清干，用线缝好，中间塞上草，悬至北城门上。[40] 难怪鲁迅先生总结道："大明一朝，以剥皮始，以剥皮终，可谓始终不变；至今在绍兴戏文里和乡下人的嘴里，还偶然可以听到'剥皮揎草'的话，那皇泽之长也就想而知了。"

18．凌迟

在人类刑罚史上，最骇人听闻，惨绝人寰的刑罚当属凌迟了。凌迟，俗称脔割、剐、寸磔，也就是通常所说的千刀万剐。"凌迟"一词原作"陵迟"，语出《荀子·宥坐》："三尺之岸，而虚车不能登也。百仞之山，任负车登焉，何则？陵迟故。"陵，丘陵也；迟，慢也。凌迟之本义乃指丘陵之势渐慢也，借指刑罚"杀人者欲其死之徐而不速也，故亦取渐次之义。"[41]

凌迟之刑的最大特点就是缓慢将人杀死，千刀万剐，让人在死亡前痛苦不堪，求生不能，求死不能。

凌迟刑起源可以追溯至南北朝。北齐文宣帝常常以"轻刀脔割"杀人，南朝宋后废帝刘昱也曾亲手将人脔割，另据《梁书·侯景传》载："（侯）景长不满七尺，而眉目疏秀。性猜忍，好杀戮，刑人或先斩手足，割舌割鼻，经日方死。"这实际上就是凌迟的雏形。唐中后期，此刑亦时有出现，《新唐书·宦官传》载：唐玄宗时，宦官杨思勖性情残忍，"所得俘，必剥面、皦脑、褫发皮以示人。""缚于格，箠惨不可胜，乃探心、截手足，剔肉以食，肉尽乃得死。"又如《资治通鉴》载：宰相杨国忠在安史之乱时，被乱兵"屠割"，"军士追杀之，屠割支体，以枪揭其首于驿门外。"颜杲卿（书法家颜真卿之兄）兵败，为安禄山所抓，也是被割肉节解，零割而死，"大骂，受剐刑，仍骂不绝口，被钩断舌头，犹含糊而骂，直至气绝。"这种残忍的刑罚与凌迟已非常接近。

凌迟作为正式的刑罚，一般认为始于五代。陆游在《渭南文集·条对状》认为："五季多故，以常法为不足，于是始于法外特置凌迟一条。"又据《辽史·列传第四二》记载：辽太祖神册六年"滑哥预诸弟之乱。事平，群臣议其罪，皆谓滑哥不可释，于是与其子痕只俱凌迟而死，敕军士恣取其产。"神册六年也就是公元921年，当是五代之时。《辽史·刑法志》亦有"死刑有绞与斩、凌迟之属"的记载。由于辽初之法主要效仿中原诸国，因此这也可从侧面印证五代时凌迟之刑已正式存在。

北宋开国之初，力纠五代弊政，禁止凌迟之刑。宋太祖时颁行的《刑统》规定重罪应使用斩或绞，并未有凌迟之刑。宋真宗大中祥符四年（1011），内侍杨守珍在京东获贼人后欲行凌迟，七年（1014）御史台亦请脔割杀人贼，八年（1015）陕西督捕贼巡检使杨守珍又请行凌迟，都遭到宋真宗的驳斥，并诏"捕捉盗贼送所属，依法论决，情理切害者奏裁"。这说明直到宋真宗时，凌迟仍然是被禁止的。[42]

凌迟刑正式进入北宋是在宋仁宗时期，天圣九年（1031），因荆湖地方杀人祭鬼，仁宗怒而降诏："自今首谋若加功者，凌迟斩之。"，[43] 这是北宋首次使用凌迟刑，从此，凌迟之刑大行其道。明道元年（1032），淮南西路的庐、寿、光等州，"获累行劫盗者六人，凌迟处死"。景佑元年（1034）宋仁宗又诏："应灾伤州军捉获强劫贼人内，有曾杀害人命及累行劫盗，情理巨蠹者，即许凌迟处死。"庆历三年（1043）邵兴兵变失败，仁宗又诏：邵兴及其党"并凌迟处斩"。仁宗开风气之先使用凌迟，死后却谥号"仁宗"，真可谓强烈之讽刺。

仁宗之后，凌迟被广泛使用，尤其是宋神宗年间，为推行新法，大肆运用凌迟之刑，较之乃父，更进一步，因此《通考·刑制考》说："凌迟之法，昭陵（宋仁宗陵号）以前，虽凶强杀人之盗，亦未尝轻用，熙丰间诏狱繁兴，口语狂悖者，皆遭此刑。"因为思想言论就惨遭凌迟，神宗此举令人发指。

到了南宋，《庆元条法事例》更明确地把凌迟和斩、绞同列为死刑名目，从此凌迟作为一种法定刑一直延续到清末。如《元史·刑法志》说："死刑则有斩而无绞，恶逆之极者，又有凌迟处死之法焉。"《大明律刑律·盗贼》也说："谋反大逆：凡谋反谓谋危社稷，大逆谓谋毁宗庙、山陵及宫阙，但共谋者，不分首从，皆凌迟处死。"当然，凌迟在明朝并非正刑，对此《明史·刑法志》说："二死（绞、斩）之外有凌迟，以处大逆诸罪者，非五刑之正，故图不列。"这其实是典型封建帝王作秀手法。统治者当然知道凌迟太过残忍，为了避免被人斥为暴虐昏君，所以他们采取了在正刑中不标其名，但在具体犯罪中规定凌迟之刑的掩耳盗铃之法。清代法律规定处凌迟之刑的条款更多，它除了继承《明律》对凌迟刑的十三处规定外，还对劫囚、发冢、谋杀人、杀一家三口、威逼人致死、殴打祖父母、殴打业师、狱囚脱监、谋杀本夫等罪，也都规定了凌迟。

凌迟之刑的执行过程惨不忍睹，但多未为正史所载。《宋史·刑法志》只称："凌迟者，先断其支（肢）体，乃抉其吭，当时之极法也。"但在实际行刑时，其残忍性远超此载。刽子手用刀从活人身上将肉一片片地割下，然后截肢、剖腹、断首，竭力延长受刑者的死亡时间，让其极度痛苦，但又不会轻易毙命。陆游称受刑者"肌肉已尽，而气息未绝，肝心联络，而视听犹存。"《宋文鉴》也说受刑人"身具白骨而口眼之具尤动，四肢分落而呻痛之声未息"。清人王明德在《读律佩》描述得更为详尽："凌迟者，其法乃寸而磔之，必至体无余脔，然后为之割其势，女则幽其闭，出其脏腑，以毕其命，支分节解，菹其骨而后已。"

据说宋元时期，凌迟所割刀数还相对较少，凌迟有8刀、24刀、36刀、72刀、120刀等区别。如元杂剧《窦娥冤》所反映的凌迟之刑，犯人张驴儿"毒杀亲爷，奸占寡妇，合拟凌迟，押赴市曹中，钉上木驴，剐一百二十刀处死。"又如沈家本在《历代刑法分考》中认为当时"相传有八刀之说，先头面，次手足，次胸腹，次枭首。皆刽子手师徒口授，他人不知也，京师与保定亦微有不同，似此重法，而国家未明定制度，未详其故。"据说24刀凌迟的行刑顺序依次为：一、二刀削去双眉，三、四刀切去双肩，五、六刀割去双乳，七、八刀切去两手至两肘之间的部分，九、十刀切去两肘至两肩的部分，十一、十二刀削去两腿的肉，十三、十四刀削掉腿肚，十五刀刺心脏，十六刀割首级，十七、十八刀切两手，十九、二十刀切两腕，二十一、二十二刀切两足，二十三、二十四刀切断两腿。一般说来，凌迟施刑并无定法，行刑者可以便宜行事，因此刽子手常常借机向犯人家属敲诈。方苞在《狱中杂记》中就说过："凡死刑，狱上，行刑者先俟于门外，使其党入索财物，名曰'斯罗'。富者就其戚属，贫则面语之。其极刑，曰：'顺我，即先刺心；否则，四肢解尽，心犹不死。'"

明清时期，行刑过程越来越复杂，行刑时间也越来越长，甚至有拖至数日的；所割刀数更是登峰造极，一度达到数千刀，真正算是"千刀万剐"了。明武宗正德年间太监刘瑾受凌迟时，据说凌迟三日，刀数达三千三百五十七刀。"头一日该先剐三百五十七刀，如大指甲片，在胸膛左右起初开刀，则有血流寸许，再动刀则无血矣。人言犯人受惊，血俱入小腹小腿肚，剐毕开膛，则血皆从此出。至晚押瑾顺天府宛平县寄监，释缚数刻，瑾尚能食粥两碗。次日则押至东角头。先日瑾就刑，颇言内事，以麻核桃塞其口，数十刀气绝，时方日升在彼，与同监斩御史具本奏，奉圣旨：刘瑾凌迟数足，锉尸免枭首。锉尸，当胸一大斧，胸去数丈。"

明末进士郑鄤被凌迟处死，被剐三千六百刀。明《瑞严公年谱》一书记下了当时场面，"黎明裔割之旨乃下。行刑之役具提一筐，筐内均藏铁钩利刃，时出刃钩颖以沙石磨利之。峚阳（即郑鄤）坐于南牌楼下，科头跣足，对一童子嘱咐家事絮絮不已。鼎沸之中忽闻宣读圣旨应剐刽子手百人群而和之如雷震然，人皆股栗。炮声响后，人拥挤之极，原无所见，下刀之始不知若何。但见有丫之木指大绳勒其中，一人高距其后伸手取肝肺两事置之丫颠。忽又将绳引下，聚而割之如娟。须臾小红旗向东驰报，风云电走，云以刀数据

148

报大内。"[44]

最悲惨的莫过明末抗清名将袁崇焕了，忠心为国，却因皇太极所设反间计为崇祯所杀。崇祯三年（1630）袁崇焕以通敌卖国之罪被判凌迟处死，行刑前以渔网覆身，让肉从网眼中凸出来，以方便割取（此种行刑方式又称"鱼鳞剐"），袁崇焕共被剐3700多刀，可怜袁崇焕皮肉已被割尽，人还未死。据说袁崇焕皮尽肉蜕之时，虽口中无法出声，但心肺间仍发出哀号。更让人心寒的是，当时许多北京城无知民众居然等候着购买袁崇焕的肉吃，以示愤怒。

清朝时，凌迟之法又有新的发展，清代俞正燮《癸巳类稿》中称：凌迟行刑一般为三日，刀数有4700或3600刀。据说为了防止受刑人在刑罚途中休克死去，在处刑前都被灌以大量鸦片，因此很多受刑者在受刑时都神情恍惚。清嘉庆八年（1803），一位名叫陈德的杂役因行刺嘉庆遭凌迟处死。据说陈德被凌迟时"血尽但流黄水而已。"剐到一半陈德对刽子手说："快些"，刽子手回答他"上让你多受些罪"，"遂闭目不复言"。凌迟后陈德还被枭首陈尸示众。清朝同治年间，刽子手还对刑具进行改进，发明了钩子行刑法，当时有人因刺杀两江总督马新贻被判凌迟，为了精确行刑，刽子手先用钩子将犯人肉钩起，再用刀割。

直到19世纪末期，凌迟刑仍然广泛使用，当时太平天国的首领通常都被处此刑。如太平天国北伐军失败，林凤翔、李开芳等将领八人被俘，都被押解北京凌迟示众。翼王石达开也曾罹受此刑，其情景尤为惨烈。石达开在大渡河山穷水尽，不忍全军饿死，只身向清军"请死"，以救全军。不料被清军械送成都凌迟处死。军士两千余人，翼王妻妾子女均被杀害，惨不忍言。最不可思议的是，对石达开五岁的幼子和刚出生的儿子的处罚，按照清律，两人都该

"凌迟"，但由于他们身躯太小无法剐三千多刀，于是要被养大成人，才执行此刑。[45] 石达开被行刑时异常坚强，始终不发一语，当时他和宰辅曾仕和、中丞黄再忠等绑赴刑场时，石、曾二人面对面绑在两个木椿上。刽子手先对曾仕和割第一刀，曾仕和惨叫不已，石达开大斥说："为什么不能忍受此须臾时间？"曾仕和才紧咬牙关，不再叫喊。据说石达开受刑时被割数百刀，始终默然无声。这种气势让监斩官员都大为震惊，四川布政使刘蓉事后在呈送道光帝的奏折中说石达开"枭桀坚强之气溢于颜面，而词句不亢不卑，不作摇尾乞怜语。……临刑之际，神色怡然，实丑类之最悍者。"历史记载的最后一次凌迟是在光绪年间的1905年3月25日，对此人凌迟居然还是从轻发落，当时此人因杀害某蒙古亲王，本被判处火刑，但光绪觉得火刑太过残忍，于是改为凌迟以表皇家恩典和慈悲之心。

除上述死刑，在历史中，亦还有不少法外之刑，比如用铁器击人头顶的凿颠之刑，用铁锯将人活活锯死的锯割之刑，用铅或锡灌入人肠的灌铅之刑、用钉子将人钉死的活钉之刑，用铁钩将人肠抽出的抽肠之刑，将人脊柱打断的断脊之刑，将人从悬崖投落的投崖之刑，等等，不胜枚举。总之，只要是让人不得好死，那么无论这种死亡方式多么令人匪夷所思，在漫长的历史中，都能够发现它的踪迹。后世的人们在感叹现代文明给予人类的福祉的时候，也许无法想象，我们的先祖曾经经历过多么漫长的一段野蛮、血腥、残暴、恐怖的岁月。

光绪三十一年（1905），修律大臣沈家本等奏请废除凌迟、枭首、戮尸、刺字等酷刑，清廷表示同意，"凡死罪至斩决而止，凌迟及枭首、戮尸三项，著即永远删除，所有现行律例内凌迟、斩、枭各条，俱改为斩决。"随后修订的《大清新刑律》更是明确规定：死刑只用绞刑一种，并且要特定场所秘密执行；谋反大逆及谋杀祖父母、父母等罪，另依"专例"，仍用斩刑。

至此，死刑执行方式从多元化向一元化迈进，从野蛮向文明迈进，刑罚终于开始踏上了现代化、文明化的征途。此后的北洋政府和国民党政府更是效仿西方发达国家刑法模式，彻底抛弃残暴的死刑方式，1914年北洋政府的《惩治盗匪法》和1925年广州国民政府的《陆军刑律》均规定死刑采枪决方式，废除绞刑这种清末法制改革保留的唯一的封建死刑执行方式，死刑执行方式向文明又迈了一步。

1949年，中华人民共和国成立之后，沿用"枪决"。1996年，新修订的《刑事诉讼法》第212条规定"死刑采用枪决或者注射等方法执行"。1997年11月4日，昆明市中院首次对四名毒犯执行了注射这种行刑方法。此后，"针决"方式在全国推广，死刑执行方式愈加文明。[46]

二、死刑发展的三大趋势

综观死刑的发展历程，三大趋势体现得尤为明显。

其一，死刑执行从多元化向一元化迈进。

从结果角度来说，死刑的后果是唯一的，人的生命只能被剥夺一次，但是为了将死刑的威慑作用发挥到极致，历代统治者无不在死刑的执行方式上大做文章。死刑执行经历了多元化到一元化的转变，其间的过程无限曲折漫长。

自死刑产生开始，其执行方式五花八门，无比残酷，主要的死刑方法就有斩、绞、烹、腰斩、车裂、醢刑、磔等，这种死刑执行多元化一直延续到汉代才稍有变更。西汉时，死刑变为：夷三族、腰斩、弃市、枭首、磔五种，种类有所减少，残酷程度亦大为降低。北魏时期死刑执行方式更是大大缩小，《魏书·刑法志》说："世祖即位，定律令。……分大辟为二科：死、斩。死入绞，大逆不道，腰斩。"死刑执行的二元化趋势开始出现，死刑分为斩、绞两种，并以此作常刑，隋朝时将这种死刑二元化模式规定为法律定式，《隋书·刑法志》"开皇元年，更定新律，其刑名有：'一曰死刑二，有绞，有斩。'"死刑执行二元化的确立是死刑发展史上重大的进步。虽然在这二元化模式以外，还存在一些非法之刑，但死刑执行的主流仍以绞、斩为主。

然而，宋朝在绞、斩之常刑的基础上，又对谋反、谋大逆、恶逆以及不道等重罪，规定了凌迟作为唯一的法定刑。此例为元、明、清三朝所效仿，更有甚者，清代在绞、斩之上，又增加了凌迟、枭首和戮尸三种死刑制度。[47] 二元化的死刑执行模式被死刑三元化，甚至五元化所替代，这是历史的严重倒退。然而，刑罚人道化、轻缓化的趋势不容抗拒，清末修律，废除惨无人道的诸多行刑方式，取而代之以较为文明的绞刑，斩刑只在非常特殊的情况下才偶有适用，死刑执行的多元化终于向一元化迈进。随后，北洋政府和国民党又将绞刑、斩刑之刑彻底废除，而以现代性的枪决代替，至此，死刑一元化模式开始确立。

中华人民共和国成立以后，很长一段时间，死刑都采枪决方式，但1996年新刑事诉讼法又将死刑执行方式变成枪决和针决两种，看起来这似乎是死刑一元化模式为二元化模式所替代，但其实质是为建立一种更为文明的死刑一元化模式作铺垫。与以往任何一次反复不同的是，此次所增"针决"是一种更为文明的死刑方式，它比枪决更为人道。但是由于各地经济发展不一，不可能在全国普遍采用此法，因此从现实角度考虑，枪决仍要保留一段时间，但它最后必然被针决所取代。因此针决、枪决并列的二元化模式只是将来的针决一元化模式的过渡阶段，它是一种否定之否定。

其二，从法外施刑到法内用刑。

在中国古代，虽然自北魏以来，死刑之常刑只有斩、绞，只是到了宋朝才增加凌迟，但是实际上，除了这些法定常刑外，还有大量的法外用刑，其残忍度较之常刑更甚。

然而，自郑子产铸刑书以来，人类都试图将刑罚权这种最可怕的权力用规范形式予以约束，因此也就有了刑法。虽然这一过程不乏波折，但总体趋势是明确的，那就是不断用法律手段约束无限扩张的刑罚权。历朝历代，有关刑名的法律规定无不是朝着这一方向努力，但是由于封建社会的人治传统，这一努力也就不可避免归于失败。以至在封建社会后期，法外之刑竟然有了专门的名称，叫作"闰刑"。

在漫长的历史进程中，皇权从来高高在上，帝王们拥有无限的权力，"口含天宪"，可以随意造法毁法，法律约束的只是帝王权贵以外的其他人。因此，明武宗剥囚犯皮，"法司奏祖宗有禁，不听。"明确道出法外用刑缘由的是唐高宗，当时将军权善才因毁昭陵之树，虽依律只是罢官免职，但高宗硬要将其处死，而且毫不隐讳地说："善才情不可容，法虽不死，朕之恨深矣，须法外杀之。"上行下效，法外用刑一度泛滥，法律也就不可能对刑罚权作彻底的约束。

清末修律，明定罪刑法定原则，该原则可以说是中国刑法从野蛮走向文明的标志。据此原则，一切刑罚必须在法律的约束之下，法律没有规定的刑罚，坚决禁止使用。从此，死刑的执行方式在制度上真正实现了从法外施刑到法内用刑。

其三，从死刑滥用到限制死刑。

儒家强调德主刑辅、明德慎罚、恤刑慎杀，在这种观点的影响下，中国古代不乏限制死刑的例证，如李世民的"死囚三百来归狱"。另外，在程序上，古代（北魏、隋、唐等朝代）曾有死刑复奏制度，即判处死刑的案件，在执行前须奏请皇帝批准。明、清两代除十恶不赦的死刑立决案件外，对其他不立即执行死刑的案件，每年秋季要派高级官员会审。这种制度在明代称朝审；在清代，复审京师死刑案件称朝审，复核外省死刑案件称秋审。会审后的死刑案件，最后仍要报皇帝核准。[48] 死刑复核的一个重要目标就是层层把关，防止错杀无辜，限制死刑的适用。

但是，在更多的时候，儒家学说不过用来装点门面，统治者骨子深处依然信奉的是法家的霸王之术，即所谓的"内法外儒"。这最经典的莫如汉宣帝父子的对话。《汉书·元帝记》载：汉宣帝的太子刘奭好儒术，当他对父亲说："陛下持刑太深，宜用儒生"时，汉宣帝立即作色道："汉家自有制度，本以霸王道杂之，奈何纯任德教，用周政乎！且俗儒不达时宜。好是古非今，使人眩于名实，不知所守，何足委任？"随后，汉宣帝"乃叹曰：乱我家者，太子也！由是疏太子而爱淮阳王。"因此在更多时候，严刑峻法就成了统治者最经常的选择，尤其是在社会治安不好的情况下"治乱世用重典"的重刑主义倾向更是无法避免，即使是在唐太宗年间，任意刑杀之事亦不少见，如因女儿高阳与和尚辩机通奸，他下令腰斩辩机，同时杀戮高阳公主身边知情不报的奴婢十多人，死刑的随意滥用可见一斑。唐太宗尚且如此，遇到更为暴虐的帝王，人命如草芥也就可想而知。

如明朝的朱元璋父子：朱元璋大杀功臣、朝臣，仅仅胡惟庸、李善长、蓝玉三案就杀人十万之多。在位三十年，杀了二十万人，基本上将功臣诛杀殆尽。较之乃父，朱棣也毫不逊色，建文帝兵败之后，朱棣将建文帝宫中的宫人、女官、太监全部杀光，一次性就枉杀一万四千多人，忠于建文帝的旧臣基本上被杀光，一时血雨腥风、尸横遍野。这些滥用死刑之举还多发生在和平年间，如果换在战争期间，杀戮则更是稀松平常！至于程序上的限制，也更多的是一种摆设。如明永乐年间的朝审制度，永乐十七年（1419）曾规定京城外的死罪重囚都要解送京师，并将犯人、案卷一并送到，朝审审讯时，原来负责该案的官员应携卷旁听，如果遇有犯人翻供或称冤时，原审官员要照卷陈述原来审问的始末，并将原审判决的理由提供给会审各官参考。[49] 看起来，这种朝审制度比今天的死刑复核还要文明和进步，不仅由最高司法机关统一复核，而且还实行开庭审理。但就是在永乐一朝，却是中国历史上最残暴血腥的年代之一。

真正对死刑适用进行制度性限制始自清末。清末修律，首先对死刑的执行方式大加限制，死刑执行从既往的多元化模式转换为一元化模式。其次是程序上的真正限制，《大清新刑律》明确规定："死刑非经法部复奏回报，不得执行。"

中华人民共和国成立以来，死刑复核制度亦被保留，但是在复核权的归属上却有过诸多反复。虽然两部刑法、两部刑事诉讼法都明确规定死刑立即执行案件的复核权统一归最高人民法院，但在实际执行中，最高人民法院却将此权力下放，各省级法院都享有此生杀予夺之权。直到2007年1月1日，最高人民法院才正式收回死刑复核权，限制死刑的精神终于在程序上走向现实。

我国刑法罪名总数有四百多个，在1997年刑法典中死刑罪名多达69个，占全部罪名的1/6强。虽然经过数次修正，如今死刑罪名仍有46个，其中有相当数量是非暴力性犯罪。

我国现行刑法第48条明文规定死刑只应适用于罪行极其严重的犯罪分子。联合国《公民权利与政治权利国际公约》第6条第2款也规定：在未废除死刑的国家，只能对最严重的犯罪判处死刑。联合国经济及社会理事会关于《保护面对死刑的人的权利的保障措施》进一步规定："这应理解为最严重的罪行之范围不应超出具有致命的或者其他极其严重之结果的故意犯罪。"至于什么是"其他极其严重的后果"，联合国经济与社会理事会秘书长在关于死刑的第六个五年报告《死刑与贯彻〈保证面对死刑的人的权利的保障措施〉》中对此阐述为："致命的或其他极其严重的后果的含义倾向于暗示着这样的犯罪应该是危及生命的犯罪。在这个意义上，危及生命是行为的一种极为可能的犯罪。"非暴力犯罪适用死刑与《公民权利和政治权利国际公约》的精神明显背离，在这方面现行刑法仍有改进空间。

因为世上有邪恶，所以法律必须通过惩罚来进行威慑，避免邪恶蔓延如洪水滔天。从这个意义上来讲，死刑具有合理性。杀人偿命欠债还钱，这种民意的情绪表达本身也有其内在的合理价值。

在笔者看来，废除死刑的做法并不合适。那种忽视公义，滥施恩情的人道主义有着太多的伪善。他们经常会是为了假想的将来，而忽视现在的利益。为了抽象的人类无视具体人的悲苦。对于那些极度邪恶的杀人重案，如果不处以极刑，如何能够抚慰仍存于世之人的泪水。

但是，我们必须限制死刑，而不能滥用死刑。死刑只能针对谋杀一类的重罪。对谋杀处以死刑本身就是对生命的尊重，也是对死刑的限制。

　　启蒙思想家曾经乐观地预想，随着人类知识水平的提高，科学技术的发展，社会制度的革新，人类的前景一片美好。但是，20世纪无数的浩劫让这种乐观情绪进入了冰河。在奔向灿烂蓝图的过程中，总有一股下坠的力量让方向出现了负斜率。

　　法律中的乐观主义曾经相信邪恶是可以改造的，罪大恶极之人只是暂时生病的病人，既然疾病可以治疗，那么犯罪的人同样也可以医治。但是，再犯率的不断升高，恶性案件的层出不穷，让改造主义成了一种幻梦。

　　法律无法消灭邪恶，也很难改造邪恶，它只能有限地约束邪恶，避免邪恶的泛滥。如果说在法律中依然要保留改造罪犯的美好设想，那也必须让罪犯受到应得的严厉惩罚。从这个角度而言，死刑仍然应当保留，但必须受到最大限度的限制。

注释:

1. 沈家本:《历代刑法考》,中国检察出版社,2003年,第143页。

2. 沈家本:《历代刑法考》,中国检察出版社,2003年,第146—147页。

3. 古代文献中,磬刑的记载并不常见,这也可以佐证中国古代的绞刑少有采取悬挂方式。一般说来,除了赐死之外,很少有采取悬挂式绞刑的。

4. 沈家本:《历代刑法考》,中国检察出版社,2003年,第140页。

5. 参见《汉书·高记》。

6. 曹旅宁:《秦律新探》,中国社会科学出版社,2002年,第188页。

7. 沈家本:《历代刑法考》,中国检察出版社,2003年,第147页。

8. 沈家本:《历代刑法考》,中国检察出版社,2003年,第143页。

9. 参见《后汉书·灵记》。

10. 具体参见后文相关论述。

11. 沈家本:《历代刑法考》,中国检察出版社,2003年,第119页。

12. 如北宋中前期。据史籍记载,宋太祖乾德元年（963），汪端"数千人聚山泽为盗",败获后"磔汪端于郎州"(《宋史》卷1《太祖本纪》);五年（967）汉州绵竹县民康祚反,康祚被擒后,"磔于市"(《长编》卷7乾德四年十二月庚辰);宋太宗淳化五年（994）,又"磔李顺党八人于凤翔市"(《宋史》卷5《太宗本纪》);宋真宗咸平三年（1000）"鲁山县民刘用聚徒造符谶谋作乱,……用等并磔于京城诸门"(《长编》卷47咸平三年夏四月己巳);宋仁宗庆历八年（1048）,贝州妖贼平,"磔王则于都市"(《宋史》卷11《仁宗本纪》)。但在沈家本看来,这些地方出现的"磔刑"可能是凌迟的别名。沈家本:《历代刑法考》,中国检察出版社2003年版,第121页。

13. 沈家本:《历代刑法考》,中国检察出版社,2003年,第109页。

14. 沈家本:《历代刑法考》,中国检察出版社,2003年,第112页。

15. 《五代史·李存孝传》记载:存孝泥首请罪,缚载后车,至太原,车裂之以询。据沈家本考证,唐后车裂之刑仅见此事。

16. 参见《史记·黥布列传》。

17. 参见《续湘山野录·张秉知冀州》。

18. 沈家本:《历代刑法考》,中国检察出版社,2003年,第97页。

19. 沈家本:《历代刑法考》,中国检察出版社,2003年,第98页。

20. 参见魏得胜：《三十个世纪的中西之别》，《书屋》，2003年第2期。

21. 沈家本：《历代刑法考》，中国检察出版社，2003年，第100页。

22. 参见《后汉书·独行传·戴就》。

23. 参见《明通鉴》卷二〇。

24. 但沈家本不同此说，具体参见沈家本：《历代刑法考》，中国检察出版社，2003年，第102页。

25. 参见前文"并不轻松的笞杖之刑"。

26. 沈家本：《历代刑法考》，中国检察出版社，2003年，第149页。

27. 参见《广雅》。

28. 参见《史记·滑稽列传》。

29. 参见《史记·白起王翦列传》。

30. 参见《辽史·太祖记》。

31. 沈家本：《历代刑法考》，中国检察出版社，2003年，第114页。

32. 参见《宋史·高记》。

33. 参见《史记·白起王翦列传》。

34. 参见郭建、姚少杰：《"坑"考》，《华东政法学院学报》2001年第3期。作者认为"坑"很难说是一种刑罚，"坑"不见于任何一个朝代的法律条文，绝大多数"坑"的事件都不经过任何的审判程序，所针对的对象也几乎全都是战俘或无辜的百姓，而且并不一定是指活埋杀人。作者认为"坑"通或京观、武军实际是一回事，它是一种交战惯例，战胜的一方将战败一方阵亡者的尸体堆积在大路两侧，覆土夯实，形成一个个大金字塔形的土堆，号为"京观"或"武军"，用以夸耀武功。

35. 参见《吕氏春秋》。

36. 参见《吴志·孙皓传》。

37. 参见《晋书·符洪载记》。

38. 李亚平：《帝国政界往事——大明王朝记事》，北京出版社，2005年，第89—90页。

39. 沈家本：《历代刑法考》，中国检察出版社，2003年，第162页。

40. 《历史小百科》http://www.np2c.edu.hk/~np2-chih/history.htm。

41. 沈家本：《历代刑法考》，中国检察出版社，2003年，第117页。

42. 郭东旭：《论北宋"盗贼"重法》，《河北大学学报（哲社版）》，2000年第5期。

43. 参见《续资治通鉴长编》。

44. 陈登闻:《国史旧闻》(第二册),中华书局,2000年,第156—157页。

45. 唐德刚:《晚清七十年》,岳麓书社,1999年,第133—134页。

46. 王仲修:《从野蛮走向文明——中国死刑执行方式的历史演变》,《烟台大学学报(哲学社会科学版)》,2004年第2期。

47. 徐岱:《中国刑名及刑罚体系近代化论纲》,《吉林大学学报(社会科学版)》,2001年第6期。

48. 参见杨春洗等主编:《刑事法学大辞书》,南京大学出版社,1990年,第474页。

49. 陈永生:《对我国死刑复核程序之检讨——以中国古代及国外的死刑救济制度为视角》,《比较法研究》,2004年第4期。

第七章
以钱赎刑

古代五刑之外，有一种刑叫作赎刑，犯人可以缴纳一定数量的金钱，或服一定期限的劳役减免其罪。

赎刑的历史非常久远，早在尧舜时期，就有"金作赎刑"的说法。《尚书·吕刑》序言中有"吕命穆王，训夏赎刑"，这可推知夏朝有赎刑的存在。《尚书大传》也说："夏后氏不杀不刑，死罪罚二千馔。"一馔相当于铜六两，大致三百七十五斤铜即可抵死罪，后人感叹说："禹之君民也，罪弗及强而天下治。"[1]

一、赎刑的历史

西周时期，赎刑开始大量适用，《尚书·吕刑》说："墨辟疑赦，其罚百锾，阅实其罪。劓辟疑赦，其罪惟倍，阅实其罪。剕辟疑赦，其罚倍差，阅实其罪。宫辟疑赦，其罚六百锾，阅实其罪。大辟疑赦，其罚千锾，阅实其罪。墨罚之属千。劓罚之属千，剕罚之属五百，宫罚之属三百，大辟之罚其属二百金作赎刑。"这就是著名的"罪疑惟轻"，五刑皆可用赎刑，罚锾就是罚铜，刑罚越重，赎价越高。但赎刑只限于疑罪，只有那些无确凿证据，很难能定罪判刑的案件，才可以铜赎罪。

春秋时期的赎刑主要是罚甲兵之刑。《国语·齐语》对此有过记载：齐桓公问管仲，齐国的甲兵不足，该如何是好？管仲说："轻过而移诸甲兵。"意思是用甲兵赎罪，对其过错轻以处之。具体做法是："制重罪赎以犀甲一戟，轻罪赎以鞼盾一戟，小罪谪以金分，宥间罪。"这里的"间罪"也是指证据不充分的疑罪，对其以赎刑宽宥之，其中重罪是本该判大辟之刑，轻罪是本该判劓、刖之刑，而小罪是不列入五刑的其他犯罪。齐桓公接受了管仲的建议，薄刑罚，厚甲兵，最终成就了一番霸业。

当时，诸侯国连年交战，战争期间被抓的达官贵人有时也可以甲兵或金钱的方式赎回，比如《左传·宣公二年》载："宋人以兵车百乘，文马百驷以赎华元于郑。"有时，诸侯国还鼓励民间向他国赎人，鲁国当时就有法律规定，"赎人臣妾于诸侯，皆取金于府"。只要能将这些被抓的贵人赎回，政府可以报销赎金，鼓励民众赎人报国。

有一次，孔子的学生子贡到他国经商，响应国家号召，赎了一个同胞回来，但事后却谢绝了国家支付的赎金。按理说这是好事，但孔子却非常生气，批评他说："赐失之矣。夫圣人之举事也，可以移风易俗，而受教顺可施后世，非独以适身之行也。今国之富者寡而贫者众，赎而受金，则为不廉；不受金，则不复赎人。自今以来，鲁人不复赎人于诸侯矣。"意思是赎人后按照法律接受应得的奖金，会鼓励人向善，向诸侯赎人，但是不接受奖金，这就会导致以后不会再有人替鲁国人赎身了。[2]

相反孔子对子贡同学子路救人后欣然接受了别人送给他的牛，

大加赞赏，认为"子路受而劝德，子贡让而止善"，子路的行为会让"鲁国必好救人于患也"，而子贡的行为恰恰相反。³孔子的思路和现代法律的基本精神是相符合的，法律应坚持人性本恶，对人不应有过高的要求，拾金不昧虽然高尚，但却不太现实，反而拾金有酬才能真正劝人向善。

当然，上面所说的赎俘虏的规定，并非常刑，不是通常意义上的赎刑。

秦朝的赎刑制度有新的发展，过去学者们往往认为，"秦严法令，故无赎罪之刑"。但从20世纪70年代发现的《睡虎地秦墓竹简》看，秦朝的赎刑制度非常广泛。从赎耐、赎黥、赎刑、赎鬼薪鋈足、赎迁到赎死，都可赎减。罪人不仅可以用金钱赎刑，还可以用劳役抵赎，也就是"居作"。⁴秦律规定，"日居八钱"，一日的劳役可以折八钱，如果国家供给饭食，则"日居六钱"。

当然，秦朝的赎刑制度有一定限制，并非任何人都可赎减，只有拥有一定的社会身份地位的人才可赎减。秦代定爵二十等，有爵者才可取赎，无爵必须服刑。⁵

同时，秦律创设了一种新的刑种——罚赀，这应该是最早的罚金制度，它与赎刑的区别在于，赎刑是以金钱或劳役抵罪，而罚赀本身就是一种刑罚，是以罚金或罚徭役作为刑罚本身的内容。秦律的罚赀有好几种：一是赀布。布是秦的货币之一，赀布其实就是罚钱；二是赀财物，它包括赀甲、赀盾；还有一种是赀徭，罚罪人服劳役。

西汉赎刑制度因循秦制，只是范围有所缩小，一般只限于禁锢坐赃二事，主要针对有一定身份地位的官员使用，《汉书·功臣志》载："民间得买爵及赎禁锢免赃罪"，禁锢是指限制人做官的惩罚，西汉初年曾规定，商人、入赘之人不准做官，犯罪的官吏不准重新做官；坐赃则指官吏利用职权之便非法收受财物的行为。

但在实践中，这种规定屡被突破，赎刑一度成为国家敛财的手段，据《汉书·惠记》记载："民有罪，得买爵三十级以免死罪"，赎死买爵三十级即可。应劭注曰："一级值钱二千钱，凡为六万"，花六万钱就可赎死罪。[6] 汉文帝时，为发展农业，劝人务农，大臣晁错提出著名的"贵粟之道"，"以粟为赏罚，今募天下入粟县官，得以拜爵，得以除罪"。也就是说百姓向国家缴纳的粮食多，就可以得到爵位，或可以免除自己应受的刑罚。交粟多者得爵，是为"赏"，交粟多者免刑，是为"罚"。[7] 此举虽可富国，但实开卖官鬻爵之先河。

汉武帝时，连年征战，国库空虚，于是大量适用赎刑，浩侯王恢"坐使酒家矫制害当死赎罪免"；延和四年（前89），嗣侯多卯"坐与归义赵王将兵进反虏到弘农擅弃兵还，赎罪免。"[8] 同时将帅出征失利，按律当斩，也在此时被大量适用赎刑，同时武帝还大幅度提高赎命价格，"募死罪入赎，钱五十万，减死一等"，命价从先前的六万钱涨到了五十万。[9] 司马迁正是因为无力交纳高昂的赎命费，"家贫货赂不足以自赎，交游莫救视，左右亲近，不为一言"，只能"伏法就诛"，受宫刑之耻。武帝期间赎刑的泛滥，以至于后人评说"西汉赎罪之法，始于孝武"。

总之，汉朝的赎刑已发展得相当完备，根据罪人不同情况有不同的赎刑方法，并且根据本刑不同，赎金亦有等差，具体有赎钱、入谷、入缣、顾山、居住等形式。汉朝的赎刑另一个特点就是罚金与赎刑完全分开，不再混淆。对于轻微的犯罪可以直接处罚金。

《史记·长释之传》载，有人无意中惊了文帝的马，文帝怒而欲杀之，廷尉张释之引令文说："此人犯跸，当罚金。"当时的汉令的确规定："跸先至而犯者，罚金四两。"文帝没有办法，只得按张释之意见办理。又如汉律规定："诸出入殿门，公车司马门，乘轺传者皆下，不如令，罚金四两"[10]"无故群饮酒罚金四两"，"受所监治送财物罚金二斤"，"诸侯在国名田他县罚金二两"等。[11]

魏晋时期，赎刑仍与罚金并列。魏明帝时《魏律》有赎刑十一等、罚金六等；晋律承继魏律，"定死罪赎金二斤"，五岁刑至二岁刑逐级以四两递减，即五岁刑一斤十二两，四岁一斤八两，三岁一斤四两，二岁一斤。当时的赎刑主要是针对徒刑（年刑）而言，同时，罪人还可以绢赎罪，计算标准是一月一绢，故五岁刑，人绢六十匹，四岁刑四十八匹，三岁刑三十六匹，二岁刑入绢二十四匹。老人小孩和妇女可以减半赎之。晋律称罚金为"杂抵罪"，也为五等：分别是罚十二两、八两、四两、二两、一两。如民间私自酿酒者，处罚金八两。又《南齐书·徐孝嗣传》记载："孝嗣登殿不著靺，为治书御史蔡准所奏，罚金二两。"可见，判罚金者所犯皆为小过。

梁、陈律赎刑与晋制相仿，但全用绢代金。北朝齐周，亦用绢代替，到隋朝改用铜赎，[12]这主要是因为金之珍贵量少，在赎刑大量采用的当时，用金赎刑显然不太现实，因此统治者采取了一种现实主义的立场。

较之汉朝，魏晋南北朝时期对赎刑的限制较多，它主要是作为恤刑手段来运用，一般只针对非恶意犯罪，通常死罪不得赎免。如北齐律规定："合赎者，谓流内官及爵秩比视，老小阉痴并过失之属。"随着赎刑制度的发展，赎刑在一定意义上已经变成一种独立的财产刑，因此赎刑与罚金也就合二为一，罚金不复存在，南北朝时期，北朝诸律皆未规定罚金，有赎无罚，这一变化保留至清末。

到了隋唐时期，赎刑制度发展地更为全面，赎刑制度法律化、制度化，成为后世朝代赎刑制度的典范，具体说来，隋唐的赎刑有以下三大突出特点。

其一，正式将身份特权关系引入赎刑。

法律规定了一系列与身份特权相关的赎减制度。赎刑主要针对有身份者，这在秦汉就有萌芽，两晋南北朝法律也有类似规定，只是在隋唐时期才得以制度化和系统化。

隋《开皇律》规定：九品官"以上犯者，听赎。应赎者，皆以铜代绢。赎铜一斤为一负，负十为殿。笞十者铜一斤，加至杖百则十斤。徒一年，赎铜二十斤，每等则加铜十斤，三年则六十斤矣。流一千里，赎铜八十斤，每等则加铜十斤，二千里则百矣。二死皆赎铜百二十斤。"[13] 隋朝五刑皆可赎，从笞刑到死刑共有十九等，但只有九品官（相当于今天的科级干部）以上的罪犯才可赎免。

同时，官品越高，可赎减的额度也越大，《隋律》规定：犯私罪以官当徒者，五品以上，一官当徒二年；九品以上，一官当徒一年。若犯公罪，各加一年当。《唐律》也有同样规定：五刑均可准予收赎，依本刑之轻重，赎铜从一斤至一百二十斤不等，共十九等。《唐律·名例二·应议请减》规定："应议、请、减及九品以上之官，若官品得减者之祖父母、父母、妻子、子、孙犯流罪以下，听赎。"[14] 其中七品以上官的近亲属（祖父母、父母、妻子、子、孙），五品以上官员的姜室可以用钱赎罪。

其二，赎刑只针对罪行较轻的行为。

隋唐两朝，皆规定"十恶"之罪不得赎免，赎刑一般适用于流罪以下，赎死刑仅适用于疑罪，一般只有过失等轻罪才可适用赎刑。

唐律规定有五种流刑不适用赎刑：一是加役流，这主要是由唐初断趾之刑转化而来的流罪；二是反逆缘坐流，即因谋反而株连的流放者；三是子孙犯过失流，即因为意外杀害祖父母、父母者；四是不孝流，即闻父母丧，匿不举丧，或者参与告发祖父母、父母，或者诅咒祖父母、父母等不孝顺的行为；五是会赦犹流者，即犯死罪被赦死从流者。另外，过失杀伤尊亲属，故意斗殴，男夫犯盗、妇人犯奸等罪行，虽判徒刑，也不能赎免。

其三，恤刑手段制度化。

赎刑恤刑之功用，早已有之。从汉武帝开始，女子犯罪，除伤害罪外，罪人都可放归，出钱雇人服役；《晋律》也规定："其年老小笃癃及女徒，皆收赎。"这种体恤弱者，慎刑恤罚的原则，在隋唐发展完备，开始制度化。此后历朝，对老、幼、疾、妇女皆有赎刑之规定。

《唐律》在此方面可谓集大成者。《唐律》规定：年纪在七十岁以上，或者十五岁以下的，或者残疾人（废疾：痴哑、腰脊折，一肢废）犯流罪以下都可用赎刑；年纪在八十以上，或者十岁以下的，或者患重病（笃疾：恶病，两肢废、两目盲），犯反、逆、杀人、盗窃、故意伤害等罪本应该判处死刑的，经过皇帝批准也可用赎刑。这些规定直到今天都有借鉴意义。

宋、元、明、清各朝基本延续了隋唐的规定，其中尤以明朝赎刑制度最为发达与烦琐。

明之赎刑不限身份，不限刑级，不限钱财且对同一刑罚有多种赎法供罪犯选择。

明代的赎刑有两种。一是律赎，即"律行收赎"，这是法典明文规定的赎刑，这种赎刑非常严格，必须严格按照法律，司法官员无敢损益；二是例赎，即"例得收赎"，这是依照成例收赎，这种赎刑没有严格的规定，经常是因时权宜，先后互异，标准不一。[15]

律赎者称"收赎律钞"，例赎者称"赎罪例钞"。

对律赎者，司法官员必须依律行事，只要囚犯具备法律规定的赎刑标准，就必须赎免，《大明律》规定："应收赎而决配，各依出入人罪，减故失一等。"不按律规，应赎而不赎者，法官要受刑事处罚。

对例赎者，司法官员主要依据各朝成例，自由裁量权相对较大。明代赎刑的方式很多，如纳铜、纳钞、纳银、纳米、纳草、纳豆、纳马、运炭、运砖、运水、做工、输做等，多根据官方需要因事制宜权宜变更，如宣德年间，曾让罪囚发天寿山为皇家种树。

罪犯是否判赎刑以及判何种赎刑的一个重要标准是其经济实力，根据是否具备赎刑的经济能力，明朝将罪囚分为"有力""稍有力"或"无力"，但这含混的标准让很多法官为了增加赎刑收入，将"无力者"判为"有力"，也有些人为了逃避经济负担，寄希望于在充军或徒刑途中逃跑者，"有力者"也谎称"无力"。

为了约束司法官员权力，明弘治十三年（1500）修订《问刑条例》，对"例赎"加以制度化。正式定"例赎"的方式为"在京"和"在外"。京罪囚"有力者"可纳米、纳草、纳豆、纳马、运炭、运砖、运水，"无力者"可做工，并可折银赎罪。在外罪囚分"有力""稍有力"或"无力"三种，"有力者"纳米谷，"稍有力者"按照做工的具体数目折合银两赎罪，"无力者"可以摆站、撩哨赎罪。[16]

为了保证赎刑的履行，明朝还创设了"担保""追比"和"监追"制度。如果罪犯经济困难，一时无法立即交纳赎刑财物，可先采取

"担保"的方式催缴，如果罪囚逃走，可以追究保人的责任。如《世宗实录》载："男子徒罪以上，或赃数太多及妇人重刑、逃脱者许囚禁，其余罪可收赎，听令保外自便。"

明人冯梦龙《醒世恒言》中有一篇《陆五汉强留合色鞋》的故事，中间就有"担保"赎刑的记载：陆五汉在其母陆婆、邻人张荩的协助下，骗奸良家女子潘寿儿，奸情败漏，遂杀潘寿儿父母潘用夫妇。陆五汉所犯罪属"十恶"，不许赎，判斩罪。陆婆说诱良家女子，依律问徒。张荩亦问徒罪，但可召保纳赎。[17] 若罪囚在担保期限内不能足额交纳财物，有司可以催逼罪囚交纳，称为"追比"。"追比"一般为三次，负责追比之差役也要承担责任，"追纸赎三限不完者，先令（差役）赔完"，以督促差役严厉"追比"罪囚本人。如果"追比"还是不行，那就有可能采取最严厉的"监追"方式，即将罪囚羁押，催促其完纳。[18]

二、赎刑利弊议

围绕赎刑，历代褒贬不一。

肯定者认为赎刑好处多多。

其一，赎刑乃宽恤之政，符合儒家"明德慎罚"之说。元马端临在《文献通考》中对赎刑之制持肯定态度，他认为赎刑"哀矜恻怛之意"，一贯偏好重刑主义的明太祖朱元璋在晚年也把赎刑看为德政，认为："善为国者，惟以生道树德，不以刑考立威。"

其二，赎刑可以防止犯罪。赎刑可以利用人的欲利之心而防止犯罪。《吕刑》说赎刑"罚惩非死，人极于病"，虽不执行应罚之刑，但强制交纳财物，也可让人感到惩罚之痛，抑制犯罪。马端临也认为："盖财者人之所甚欲，故夺其欲以病之，使其不为恶耳，岂利其货乎？"

其三，赎刑可解决国家财力之匮乏。司马迁就对管仲"使以甲兵赎"的制度大加赞赏，认为他"任政于齐，齐桓公以霸，九合诸侯，一匡天下，管仲之谋也。"[19]

反对者针锋相对，他们认为赎刑弊端太多。

其一，赎刑与儒家"重义轻利"思想相背。西汉宣帝时，京兆尹张敞以讨伐羌兵，军费不足，建议入谷赎罪之制。结果遭到诸多大臣的反对，其中最著名的是萧望之的观点，他认为："民函阴阳之气，有好义欲利之心，在教化之所助。尧在上，不能去民欲利之心，而能令其欲利不胜其好义也；虽桀在上，不能去民好义之心，而能令其好义不胜其欲利也。故尧、桀之分，在于义利而已，道民不可不慎也……"

其二，赎刑导致贫富异刑，"如此则富者得生，贫者独死，是贫富异刑而法不一也。"

其三，赎刑可能导致重新犯罪。犯罪者为了筹集赎刑费用，可能会铤而走险，再次犯罪，所谓"人情，贫穷，父兄囚执，闻出财以得生活，为人子弟者将不顾死亡之患，败乱之行，以赴财利，求救亲戚。一人得生，十人以丧……以死救生，恐未可也。"[20]

在笔者看来，赎刑制度具有历史的合理性，在刑罚异常残酷的古代社会，赎刑的宽恤功能功不可没，它毕竟对刑罚的严苛有所缓和，为肉刑转变为自由刑提供了平台，体现了刑罚从野蛮向文明的进化规律。其次，赎刑造成的贫富异刑虽是事实，但这并非赎刑本身的错误，而是社会阶层的不平等所造成的，这点沈家本的评说可谓公允，他说："国家立法，但问其当于理否耳，苟当于理，则法一而已，只论罪之当赎不当赎，不能论其人之富与贫。富者之得生，法如是，非幸也；贫者之不能自赎，贫者之不幸，非法使之也，且果为疑赦者，法亦必有以济其穷，何至忍视其受刑哉。"在法理上，赎刑并没有错误，错只在社会现实的不平等，导致了刑罚适用上的实际的不平等，这种不平等在现代的法律中也是存在的。

当然，用当代眼光来看，赎刑的缺点是显而易见的，赎刑对于重罪采罪疑从轻原则，这种做法虽然减缓了刑罚的残暴与任意，但它所暗含的有罪推定色彩还是与现代法律精神相悖；另外，赎刑实际适用的不平等虽在法理上无亏，但它毕竟与不平等的社会现实同流合污，为虎作伥，予人以以钱赎罪的口实，不符合现代社会所倡导的平等理念。因此，延续数千年的赎刑制度也就不可避免地改弦易张。

取而代之的是什么呢？那就是曾经被抛弃的罚金制度。清末修律，颁布《大清新刑律》，仿效西方国家的刑罚体系，定刑罚为主刑与从刑。主刑有死刑、无期徒刑、有期徒刑、拘留、罚金五种；从刑为褫夺公权、没收两种。

1997年通过的《中华人民共和国刑法》规定，也将罚金刑作为一种正式的附加刑。罚金与赎刑的不同是显而易见的，前者是一种独立的惩罚，而后者只是一种代替刑。罚金主要是针对轻微的犯罪适用，它能够很好地遏止财产类的贪利犯罪，同时罚金本就是一种独立的惩罚措施，无论是单处罚金，还是并科罚金，都不存在以钱赎罪的嫌疑。在单处罚金的情况下，犯罪往往较轻，没有必要判处自由刑，对轻罪因为害怕以钱赎罪而判处自由刑，反而是违背罪刑均衡原则的；在并处罚金的情况下，更是不会出现以钱赎罪的情况。[21]因此，南北朝时期就被抛弃的罚金重被拾撷，也算是旧瓶装新酒，否定之否定原则的另一个注脚。

注释:

1. 沈家本:《历代刑法考》，中国检察出版社，2003年，第444页。

2. 参见《家语·致思》。

3. 参见《淮南子·道应训》。

4. 后世有将此刑与流刑并用，一般是对谪迁官员的惩罚手段。

5. 郭嘉:《从睡虎地秦简看秦朝的赎刑制度》，《中州学刊》，2004年第3期。

6. 沈家本:《历代刑法考》，中国检察出版社，2003年，第454页。

7. 参见《汉书·食货志上》。

8. 参见《汉书·功臣表》。

9. 沈家本:《历代刑法考》，中国检察出版社，2003年，第456—457页。

10. 参见《史记·张释之列传》。

11. 童光正等:《论赎刑制度》，《社会科学家》，1996年第3期。

12. 沈家本:《历代刑法考》，中国检察出版社，2003年，第23，464—465页。

13. 参见《隋书·刑法志》。

14. 沈家本:《历代刑法考》，中国检察出版社，2003年，第468页。

15. 沈家本:《历代刑法考》，中国检察出版社，2003年，第480页。

16. 张光辉:《明代赎刑的运作》，《四川大学学报（哲学社会科学版）》，2005年第3期。

17. 冯梦龙:《醒世恒言》，卷十六。

18. 张光辉:《明代赎刑的运作》，《四川大学学报（哲学社会科学版）》，2005年第3期。

19. 参见《史记·管晏列传》。

20. 三点引文皆为肖望之观点，参见沈家本:《历代刑法考》，中国检察出版社，2003年，第457—458页。

21. 陈兴良:《本体刑法学》，商务印书馆，2001年，第715—716页。

第八章

株连无辜

因一人犯罪而牵连无辜他人，这种刑罚制度叫作株连。一般说来，株连又包括族诛与连坐。所谓族诛，是指一人犯罪而夷灭其族，其中包括族灭，夷灭三族，夷灭九族等，它们都属于死罪的一种执行方式。所谓连坐，则是指一人犯罪而株连他人，株连者不限亲人，朋友、同族、邻里和上下级等都可被株连。受株连的除受死刑处，还可包括肉刑、徒刑、笞杖刑等各种刑罚，因此连坐的含义比族诛更加广泛。

一、族诛

族诛是一种残酷的刑罚，它深受宗法伦理思想的影响。中国古代强调家族伦理观念，于是统治者就试图用断子绝孙的手段来警告人们不得轻易触犯法律。

据《尚书》记载，夏启和商汤在出征之前，曾训令威胁部下，要求他们在战争中听从命令，否则就会"罪人以族"，将犯者连同其子一起处死，这可以看成是族诛在文献上的最早记载。但是，正式实施族诛之法的却是春秋时期。据《史记·秦本记》记载，秦国第四代国君秦文公在文公二十年（前746），"法初有三族之罪。"除秦国外，其他诸侯国也不乏族刑之例。

据《春秋》记载，当时有不少贵族在政治斗争失败后都被"灭族"。典型的如晋灵公时期的赵盾事件。文臣赵盾与武臣屠岸贾不和，屠岸贾遂设计陷害赵盾，在灵公面前指责赵盾谋反。赵盾因此被灭族，满门抄斩，其子赵朔当然也未能幸免。但赵朔之妻为晋灵公胞妹庄姬公主，因此并未遇害。赵朔被杀后，晋灵公把庄姬公主接进皇宫。当时，庄姬公主已然有孕，进宫后，生下一子取名赵武。庄姬公主恐婴儿也遭杀害，由门客程婴扮作医生将婴儿装在药箱之内，偷偷带出宫去。十五年后，赵武方知自己是赵家后代，立志报仇雪恨。这就是《赵氏孤儿》——中国十大古典悲剧之一——的历史出处。具有讽刺意味的是，在赵氏满门被株，参与发兵绞杀赵家的晋国主政大臣栾书，死后其家人也遭同样厄运。史书上记载，栾氏随后亦被排挤，后来晋"尽杀栾氏之族党"，栾氏五世为卿，自此覆亡。

战国时期，族诛开始走向制度化，其中尤以秦国商鞅变法为代表。商鞅为法家代表，崇尚"以刑去刑"的重刑主义立场，将株连制度法典化。《前汉书》谓："秦用商鞅，造参夷之株"。所谓"参夷"，也就是株三族。不过，让人感谓的是，商鞅后来亦遭极刑。秦孝公突然去世，即位的秦惠文王以意欲谋反为名下令逮捕商鞅。商鞅逃至边境，因没有公函证明，被客店拒之门外。店家告诉他，这是"商鞅之法"。商鞅逃往魏国，被魏国拒绝入境。此前，商鞅曾攻打魏国。商鞅想回封地抵抗，但军队直接归中央指挥，自己无权调动，而这也是"商鞅之法"。最后，商鞅被处以车裂之刑，全家遭到族灭。可谓作茧自缚，自作自受。

商鞅变法之后，秦国的刑法，不仅有诛三族，甚至还发展到诛七族。刺杀秦始皇未遂的荆轲，其七族皆被诛杀，以至后世鲜有荆姓之人。何谓七族？一种解释是："上至曾祖，下至曾孙。"另一种解释是："父之姓，姑之子，姐妹之子，女之子，母之族，从子及妻父母，凡七族也。"[1] 无论哪种解释，犯罪者的亲属几乎诛杀殆尽，其残忍性简直骇人听闻。

及至秦朝，族诛制度已经系统化。根据罪行的严重性，大致可以分为"夷三族"和"族灭"。前者大都是谋反重罪。如曾经翻云覆雨，一人之下，万人之上的秦宰相李斯，最后就是被赵高诬为谋反，被秦二世夷其三族。这里的"三族"究竟是哪三族，历史上一直众说纷纭，有说是父母、兄弟、妻子；有说是父族、母族、妻族；也有说是父、子、孙；还有说是父亲的兄弟、自己的兄弟、儿子的兄弟。[2] 无论如何，这种刑罚都是处死犯罪人一定范围内的全部亲属。后者的罪行则相对较轻。比如秦始皇在下令焚书坑儒时曾谓"以古非今者族"，此"族"正是指"族灭"，被杀之范围大致就是罪人的妻子和子女。至于"夷七族"，则是法外用刑的一个典型，封建皇帝皇权不受约束，生杀予夺，随心所欲，可见一斑。其实，无论是"族灭""夷三族"甚至"夷七族"本身都是极具任意性的滥刑。它并没有严格的界限和适用标准，"族""三族""七族"并没有明确定义，只要最高统治者认为罪大恶极，欲斩草除根，杀之后快，他就可以兴之所发，任意扩大范围。

残酷的刑罚、暴虐的统治使得秦朝自食恶果，二世即灭，第一个封建王朝仅仅十五年就迅速土崩瓦解，始皇登基之时幻想着其子子孙孙永享千秋霸业的梦想被现实击得粉碎。他做梦也没想到，辛辛苦苦创立的统一帝国居然会落在亭长出身的刘邦手中。

秦亡以后，西汉统治者吸收前朝教训，曾采取一系列减轻刑罚的措施，但仍然保留族诛之刑。

据《汉书·刑法志》所讲：汉兴之初，虽有约法三章，法网疏漏，但仍保留夷三族之法。被判处"夷三族"之人，首先要"具五刑"，也即要混合使用肉刑、耻辱刑、死刑等多种刑罚。具体而言，罪人额上先被刻字染墨，割掉鼻子，斩掉左右脚趾，杖毙罪人，悬头示众，并将身体当众剁成肉酱。如果罪人胆敢诅咒辱骂，那么行刑之前还要被割舌，该刑罚之残酷，令人发指，而大兴诛杀功臣风气之先的刘邦将彭越、韩信就是以此刑论株的。

《史记·高祖本纪》还记载了一个经典的"夷三族"案例，即汉初赵相贯高谋反案。此事缘起于汉高祖十一年（前196）陈豨在代地谋反，高祖前去诛讨，途径赵国。刘邦与赵王张敖有翁婿之亲，于是张敖亲自侍候老丈人刘邦并卑恭有礼，但刘邦的架子太大，傲慢地平伸开两条腿，当面责骂赵王，很不给女婿面子。结果赵相贯高、赵午等人就看不下眼了，他们觉得刘邦简直欺人太甚，认为赵王不能如此太窝囊，于是劝赵王杀掉蛮横无理的刘邦。但赵王却劝止手下，并说自己的一切都是仰赖刘邦才得到的。张敖当时咬破自己的指头，慨然道："我的父亲失去了国家，没有陛下，我们会死后尸体生蛆无人收尸，你们怎么能说这样的话呢？不要再说了！"贯高等人才意识到赵王并非怯弱，而是一位忠厚长者，不肯背弃皇上的恩德。但他们仍决定瞒着赵王刺杀刘邦。汉八年（前201）刘邦再次经过赵国，贯高等人在一个名叫"柏人"的地方安排了刺客。可是他们运气实在太差，也许老天也在帮助刘邦，刘邦不知怎么就觉得柏人这个地名不吉利，因而没有留宿，于是幸免于难。此事后被告发，于是赵王和贯高等人均被逮捕。

据《史记·田叔列传》记载：事发后，赵午等谋划刺杀之人皆自杀，唯独贯高例外，愿被囚系。刘邦当时下诏，赵国群臣宾客有敢跟从赵王进京的就要被处以株三族之刑。但孟叔、田叔等十余人穿着赤褐色的囚衣，自己剃掉头发，颈上戴着刑具，自称赵王的家奴跟随赵王张敖到了长安。贯高之所以不自杀，是说明谋反之事与赵王没有丝毫干系。贯高在长安受到严刑拷打，但仍坚持赵王没有参与。后来刘邦让贯高的知交泄公私下去问实情，贯高回答说："人情宁不各爱其父母妻子乎？今吾三族皆以论死，岂以王易吾亲哉！顾为王实不反，独吾等为之。"[3] 此事因为最终得到证实，赵王得出，贯高自杀，三族被株。

刘邦死后不久，吕后曾一度废除"夷三族"之刑。汉文帝刘恒即位之初，也曾宣布废除此刑。[4] 但后来，由于新垣平欺骗文帝，文帝大为光火，于是恢复此刑。新垣平何许人也？他乃一术士，因为刘恒好鬼神之事，于是投其所好，自称善于"望气"。一次他对刘恒说，长安东北有神，结成五彩之气，好像人戴的帽子。于是，刘恒就下令在渭阳修建五帝庙。建成后，刘恒到五帝庙祭祀五帝，对新垣平倍加宠幸，封为上大夫，赏赐黄金一千斤。后来有人检举新垣平所说都是在欺骗，被查证属实，文帝一怒之下，遂决定将新垣平"夷三族"。[5] 这样"夷三族"又得以恢复。后世有人因为新垣平一事，认为乃文帝盛德之玷。

"夷三族"之刑到曹魏时期有一些变化，其突出表现就是已嫁妇女不再缘坐父母之刑。魏正元二年（255）。毌丘俭起兵反对辅政大臣司马师（司马懿之子，其弟为司马昭。后其侄司马炎代魏称帝，建立晋朝，追尊其为景帝），兵败被杀。当时法律规定，谋反要被"夷三族"，毋丘俭的儿媳荀氏也在诛杀之内，但荀氏家族与司马家族有联姻关系。为了救出荀氏，司马师遂要求魏帝下诏，允许荀氏与夫离婚。但是荀氏之女毋丘芝虽然已嫁人，但作为毋丘俭的孙女仍然要被处死，只是因为毋丘芝已经怀孕，被关押在监，等待分娩之后被处死。其母荀氏多方营救，最后向担任司隶校尉的何曾求情。于是何曾授意下属主簿程咸上书朝廷，称：妇女在父母有罪和丈夫有罪时都要缘坐处死，这不太公平，所谓"男不得罪于它族，女独婴戮于二门"，"一人之身，内外受辟"。为此建议朝廷修改法律，未婚女子只缘坐父母之罪，出嫁后只缘坐夫家之罪，朝廷接受了这个建议，于是修改法令，规定株连不及于出嫁之女。[6]

西晋时，此刑又有所改变。惠帝永康元年（300），解结被人诬告，当夷三族，其女恰好次日出嫁。夫家欲援引"嫁女不坐"的法律救她一命，让她提前一天过门。但解女因家事伤心欲绝，说"家既若此，我何活为！"决定与家人同赴刑场，这引起舆论一片同情。于是朝廷又一次修改法令，规定女子无论嫁否，株连一律不再处死，只是没为奴婢。[7]

东晋初年，"夷三族"曾被废止。比如《东海王越传》记载，晋怀帝即位后，司马越执政，当时清河王司马覃势力周穆、诸葛玫试图说服司马越废怀帝，立司马覃，遭拒绝后被杀，但此大逆不道之罪仅仅罪及己身，"及怀帝即位，委政于越。吏部郎周穆，清河王覃舅，越之姑子也，与其妹夫诸葛玫共说越曰：'主上之为太弟，张方意也。清河王本太子，为群凶所废。先帝暴崩，多疑东宫。公盍思伊、霍之举，以宁社稷乎？'言未卒，越曰：'此岂宜言邪！'遂叱左右斩之。以玫、穆世家，罪止其身，因此表除三族之法。"其实在此前，对于士族高门来说，也大多未实行三族之法。

更为典型的例子是明帝时大将军王敦谋反，事平后，其家族成员也并未牵连。

在笔者看来，究其实质，主要是因为东晋特殊的政治结构。以王敦谋反为例，当时司马氏皇权不稳，必须依仗门阀士族的支持，而王氏家族在当时实力最强，时人皆称"王与马共天下"。所以晋元帝司马睿对于王敦谋反只能忍气吞声，王敦初次引叛军入都城建康，司马睿甚至有退位让贤之意。[8] 待到司马睿驾崩，其子晋明帝即位，王敦再次起兵谋反，虽然王敦兵败病死，但王敦家族成员仍安然无恙。这是因为当时宰相王导（王敦族弟）仍然稳控朝中大权，皇帝也奈何不得，所以只能听之任之、网开一面了。事实上，王敦谋反，王导甚至参与其中。王敦初叛入京，杀朝臣周伯仁、戴渊都曾咨询于王导。王导后来还假惺惺地说"吾不杀伯仁，伯仁由我而死，幽冥之中，负此良友"。后来王敦再叛，王导也曾密告军情。[9]因此，东晋初年，"夷三族"刑罚之所以闲置，并非统治者的宽大仁慈，而更多是因政治力量角逐的结果。当明帝站稳脚跟，借助实力强大的将军郗鉴牵制王氏家族，遂于太宁三年（325）又"复三族刑"。当然，此时该刑仍不及妇人，这也算是对前朝律法的一种尊重，间接上缓解了族诛之刑的残忍性。

此后，族诛逐渐走向规范化，仅限于谋反、大逆等反对皇帝的罪名，女性株连只被罚没为奴的司法惯例也被后朝法典所吸收。南朝梁天监二年（503）制定新律令就明确规定："谋反、降叛、大逆已上皆斩。父子同产男，无少长皆弃市。母妻姐妹、及应从坐弃市者妻子女妾，同补奚官为奴婢。"北魏亦规定："大逆不道腰斩，株其门籍，年十四已下腐刑，女子没县官。"根据法律规定，仅父子从坐弃市，女子仅被没为奴婢。隋朝定《开皇律》时，也只规定"大逆谋反叛者，父子兄弟皆斩，家口没官。"[10] 显然，在法典的正式规定中，"夷三族"的范围已明显缩小，当罪人谋逆，仅父亲、儿子、兄弟被诛杀。

但是，封建帝王"口含天宪，朕即法律"，并不受法律的约束。荒淫无道，残暴至极的隋炀帝杨广甚至发明了"株连九族"之刑！《隋书·刑法志》称："及杨玄感反，帝株之，罪及九族。"《唐六典》对此亦有记载：炀帝"末年严刻，生杀任情，不复依例。杨玄感反，株九族，复行裂首，磔而射之。""生杀任情，不复依例"！寥寥八字，杨广的残酷以及皇权的广无边界，被勾画得淋漓尽致。九族者，一说认为上至高祖，下至玄孙。[11] 而按王应麟《小学绀珠》的说法，则指"九族者，外祖父、外祖母、从母子、妻父、妻母、姑之子、姐妹之子、女之子、己之同族也。"总之，一切亲属尽在诛杀之列。株连之广，令人不寒而栗！至杨广始，"株连九族"正式进入汉语词汇。

唐朝统治者吸收隋亡教训，极大地限制了族诛的范围。《唐律》规定，仅"谋反""大逆"两罪适用族诛。其诛杀范围为"父子年十六以上一同处死，其他亲属均免死刑"。罪人谋逆，兄弟也不再被株。

唐太宗时，房强因弟弟房任谋反而将被处死，死刑判决建议到了太宗手上，他觉得情有不安，命令官员详议此事，"反逆有二：兴师动众一也，恶言犯法二也。轻重固异，而均谓之反，连坐皆死，岂定法耶？"房玄龄等议曰："礼，孙为父尸，故祖有荫孙令，是祖孙重而兄弟轻。"于是法律出现变化，"……令反逆者，祖孙与兄弟缘坐，皆配没；恶言犯法者，兄弟配流而已。"[12] 这表明，谋逆罪人仅父子受死，祖孙兄弟不再从坐被株，只被罚没为奴流放之。

贞观十七年（643），刑部以这种规定太轻，要求恢复夷族之法。当时的给事中崔仁师驳斥说："古者父子兄弟罪不相及，奈何以亡秦之酷法变隆周中兴？且诛其父子，足累其心，此而不顾，何爱兄弟？"唐太宗采纳了他的观点。[13]

但是，在实际层面上，法律的规定却被屡屡突破，武则天时期著名的酷吏来俊臣被诛杀时，"国人无少长皆怨之，竟剐其肉，期须尽矣"，尸骨被践踏如泥。则天皇帝又下诏曰："宜加赤族之诛，以雪苍生之愤。"赤族之诛，就是满门抄斩，一个不留。古时多数代同堂，兄弟同居，赤族之诛显然不止来俊臣父子受死。又据《新唐书·酷吏传》记载"杨慎矜兄弟皆赐死，株连数十族。"杨慎矜、杨慎余、杨慎名兄弟皆为隋帝杨广的嫡系玄孙，也不知道这种族诛是否与杨广有关。

时至明、清，封建王朝已开始衰老，逐渐走向末途，集权专制愈加强化。其族刑株连的范围得以扩大，这更以明朝为甚。明太祖朱元璋毫不掩饰自己对重刑主义的偏好，他所授意制定的《大明律》加重对"谋反""大逆"等罪的惩罚，罪人不仅本人凌迟处死，其祖父、子、孙、兄弟及同居之人，不分异姓，及伯叔父、兄弟之子，凡年十六以上一律处斩。这种规定，较之前朝，严苛太甚。在朱元璋时期，族诛的最大对象就是有功之臣。飞鸟尽，良弓藏，狡兔尽，走狗烹，朱元璋极尽能事诛灭功臣，他借"胡（惟庸）狱"和"蓝（玉）狱"，几将开国功臣一网打尽，杀戮功臣之惨烈，千古所未有。胡惟庸为明初丞相，深得朱元璋的宠信，因而恃宠而骄，专权跋扈，朝中有人命生死及官员升降等大事，往往不奏径行。对于不利于自己的奏折，则匿而不奏。很多钻营之徒莫不争相投其门下，奉献金帛财物，不可胜数。

洪武十三年（1380），朱元璋以擅权枉法的罪状诛杀胡惟庸，又杀御史大夫陈宁、御史中丞涂节等数人。十年之后，到洪武二十三年（1390），朱元璋又以胡党为题大开杀戒。太师韩国公李善长被赐死，时年已七十六岁，家属七十余人被杀。同时被杀者，又有陆仲亨等列侯多人。总计先后株连蔓延被杀者共三万余人，可谓前无古人。[14]

此后，朱元璋又兴蓝玉党大狱。蓝玉为朱元璋爱将，骁勇善战，立下无数战功，被封为凉国公。但后来骄奢淫逸，横行无道。洪武二十六年（1393），蓝玉被告谋反，连坐被族诛达一万五千多人。

但即便如此残酷的刑罚，却也无法满足嗜杀成性、心胸狭隘的明成祖朱棣近乎病态的迫害欲。方孝孺案将族诛的残忍推向了极限，朱棣因其所发明的骇人听闻的"株十族"而被永远打入暴君名列。

明惠帝（建文帝）时，燕王朱棣以"清君侧"为借口起兵南下，最终攻入京城，推翻惠帝，自立为帝。朱棣入京后，立即着手诛杀建文帝旧臣，并清宫三日，诛杀宫人、女官以及内官上万人。当时大儒方孝孺因主修《太祖实录》《类要》等重要典籍名高一时。朱棣的谋士姚广孝曾在北平时对他讲，方孝孺是天下"读书种子"，绝不可杀。

朱棣为了向天下正名，欲借方孝孺之名起草自己的继位诏书。但方孝孺宁死不屈，拒不合作。当朱棣说："诏天下，非先生不可。"方孝孺却夺过诏纸，在上大书"燕贼篡位"数字，掷笔于地，边哭边骂道："死即死耳，诏不可草！"朱棣怒急，威胁道："汝独不顾九族乎？"方孝孺大喝："便十族，奈我何！"朱棣盛怒之下，命卫士用大刀把方孝孺嘴唇割开，一直划裂到耳边。然后，将其九族亲眷外加门生数人，凑成十族，共八百七十三人，依次碎剐残杀于方孝孺面前。

史书记载，当杀到方孝孺之弟孝友时，孝孺看着弟弟，泪流满面。孝友反而安慰哥哥说："阿兄何必泪潸潸，取义成仁在此间。华表柱头千载后，旅魂依旧到家山"。方孝孺最后被凌迟，时年四十六岁。孝孺临刑前曾做绝命诗，曰："天降乱离兮孰知其尤，奸臣得计兮谋国用犹。忠臣发愤兮血泪交流，以此殉君兮抑又何求。呜呼哀哉，庶不我尤！"[15]

对于方孝孺案，《明史》谓："转相攀染、谓之瓜蔓抄，村里为墟。"这意思是说，杀人就像拉瓜藤，瓜互相牵连，故称瓜蔓抄。后人曾有诗，感慨道："一个忠成九族殃，全身达害亦天常，夷齐死后君臣薄，力为君王固首阳。"[16] 虽说后人都道孝孺迂腐愚忠，书读痴了，以至连累亲朋，但放在当时的历史情境，君臣之义，为人之大道，孝孺可谓杀身成仁，其忠心耿耿，也不失为当时读书人的典范。

《明史纪事本末》记载，惠帝兵部尚书铁铉被逮至京，坚持以背面对朱棣，不屑正面看他，被割掉耳鼻，还是绝不转身。朱棣派人割掉铁铉耳鼻，在热锅中烧熟，然后硬塞入这位忠臣口中，问："此肉甘甜否？"铁铉厉声回答："忠臣孝子之肉，有何不甘！"于是凌迟致死，骂声不绝。朱棣随后让架上大锅，油烧熟后将尸骨投入而成焦炭；让尸骨朝上，却始终不能；又让内侍用十几根铁棒夹住，才强翻过来。朱棣笑道，"你今天也朝我耶！"没想话声刚落，锅中油溅起丈余，那些内侍的手都被烫伤而弃棒，"尸仍反背如初"。怨恨之下，朱棣又把铁铉八十多岁的老父老母投放海南做苦役，将其十来岁的两个儿子虐杀。

在建文帝旧臣中朱棣最恨的是太常寺卿黄子澄。朱棣审他时，他鄙视道，"殿下以兵力取富贵，""况富贵瞬息，何足重轻！"朱棣将他宗族老少65人、妻族外亲380人全部押来，"哀号震天"，让他把自己的罪写在纸上，他写道："本为先帝文臣，不职谏削藩权不早，以成此凶残。后嗣慎不足法。"朱棣先砍他双手，又砍他双腿，当即凌迟；全家老少斩首。[17]朱棣虐杀建文帝旧臣及家属共一万多人，历朝历代异姓相伐相杀，从未有如此屠戮旧臣的举动。

因此，清人谷应秦叹曰："嗟乎！暴秦之法，罪止三族；强汉之律，不过五宗……世谓天道好还，而人命至重，遂可灭绝至此乎！"更为恶劣的是，朱棣还将建文帝忠臣之妻女送入教坊司充当妓女，并下令每天由二十个精壮士兵汉子轮奸，生下男子代代为奴，生下女孩代代为娼，死后便"着抬出城门喂狗吃了。"[18]这种狠毒与奸恶真是前所未有，"古者但有刑诛，从无玷染。"朱棣此举，简直非人类所为，难怪谷应秦说他"此忠臣义士尤所为直发冲冠，椎胸而雪涕者也！"直至二十二年后，明仁宗朱高炽（朱棣之子）继位才下诏："建文诸臣家属在教坊司、锦衣卫、浣衣局及习匠、功臣家为奴者，悉宥为民。"

清律在族刑上完全照搬明律，在具体执行上甚至更为宽滥。其中尤以大兴文字狱，滥用族刑，为史家所诟病。按清律，凡谋反者和共谋，主犯凌迟处死，三代内父、子、兄弟及同居之叔伯兄弟及子中16岁以上男子全部斩首，不满16岁的男童阉割后罚为奴，母、妻、妾、姐、妹、不论长幼全部罚为奴。而文字狱的犯人无一不是谋反罪。号称盛世的康、雍、乾三朝兴文字大狱竟达七八十起之多，挖空心思、捕风捉影，株连之广泛，处理之残酷，让人匪夷所思。

清朝最著名的文字狱有两起：一起是康熙二年（1663）的"庄廷鑨明史案"。此事缘起吴兴富户庄廷鑨购得明大学士朱国桢的明史遗稿，邀名士加以编辑，同时增补明天启、崇祯两朝之事，定名为《明书》。书中多有犯忌之处，如称康熙的曾祖努尔哈赤为建州（明朝地名）都督，指斥明将降清为叛逆，不著清朝年号，却用南明永历等朝的年号。同时揭露了清朝入关大肆杀戮，屠城残民的诸多劣迹。书成之后，庄廷鑨死，其父庄允城为之刊行。不料有人告发，庄允城被逮入京死于狱中，庄廷鑨被掘墓开棺焚骨，凡作序者、校阅者及刻书、卖书、藏书者均被处死，先后因此狱牵连被杀者达72人，被充军边疆者达几百人。

另一起是《南山集》案。康熙五十年（1711），翰林院编修戴名世的《南山集》，由于不用清朝年号，并揭露康熙杀掉明太子的真相，戴名世被凌迟处死，戴平世斩立决，其祖父、父、子孙、兄弟及同居不分异姓及伯叔父、兄弟之子，不限籍之同异，十六岁以上不论是否残疾，斩立决，被诛杀者共计三百多人。戴名世的母女、妻妾、姊妹之子妻妾，以及其十五岁以下子孙，伯叔父，兄、弟之子，发给付功臣之家为奴。清朝残暴的文化专制政策，令人毛骨悚然。曾任大学士，执掌翰林院的梁诗正甚至总结出了这样的经验："不以字迹与人交往，即偶有无用稿纸，亦必焚毁"。知识分子只能脱离现实、皓首穷经。龚自珍叙及此事，称之"避席畏闻文字狱，著书全为稻粱谋。"意思是说一谈到文章方面的事，我就赶紧走人，别惹祸上身，写书纯粹是为了混口饭吃。

清朝钳制思想、堵塞言路、摧残文化简直空前绝后，而这也为清朝的覆灭埋下了伏笔。

二、连坐

连坐又称相坐、缘坐、从坐，它与族诛相似，都是一人犯罪牵连他人。遭连坐者可被处以各种刑罚，死刑、肉刑、徒刑、流刑不等，皆因时因事而异，其范围远比族诛广泛。上述明清族诛案件，如果仔细推敲，其实不少当属连坐，因为族诛的杀戮对象大多是亲属，而在这些案件所杀戮之人并不以亲属为限，而且所牵连之罪也不限于死刑，如有被阉割为奴的，有充教坊司为妓的，有流放边疆充军的等等。

连坐在中国历史上由来已久，《周礼》说："令五家为比，使之相保"，"相保相受，刑罚相共"，这当是最早有关连坐的记载。

将连坐制度化的是秦孝公年间的商鞅变法。《史记·商鞅传》记载："令民为什伍，而相牧司连坐。不告奸者腰斩，告奸者与斩敌同赏，匿奸者与降敌同罚。"《史记·索引》说："牧司谓相纠发也。一家有罪而九家连举发，若不纠举，则十家连坐。"[19] 一人犯罪，九家同罚，也不论他们是否有亲属关系，这种惩罚显然比族诛的范围宽多了。当时，太子违犯新法，商鞅对太子师傅用刑也是连坐之范例。

战国时期，不仅秦国，其他国家也都实行连坐制度。比如《史记·赵奢传》载：当时赵王欲以赵括代廉颇。赵括母上书，言括不可使。王曰："何以？"对曰："始妾事其父，时为将，身所奉饭而进食者以十数，所友者以百数，王及宗室所赏赐者，尽以与军吏士大夫；受命之日，不问家事。今括一旦为将，东乡而朝，军吏无敢仰视之者；王所赐金帛，归藏于家，而日视便利田宅可买者买之。王以为如其父，父子异心，愿王勿遣！"王曰："母置之，吾已决矣！"母因曰："即如有不称，妾请无随坐。"赵王许之。从这段记载可以看出，当时各国皆有连坐之刑。

战国时期，还有一种"连坐宫刑"的制度，被判"大逆不道"的灭族重罪，其苟活的男性家属要被连带阉割，其目的显然是为了使罪犯断子绝孙，间接灭其族。

秦朝太监赵高就是"连带宫刑"的受害者，其母原嫁赵王室的远亲，因为丈夫犯罪被处以宫刑，于是改嫁他人，但根据赵国的规定，妻权夫授，即便改嫁，生的儿子亦要承继赵姓，遂所生之子名赵高，不幸的是，根据规定，所生之子也要被处以宫刑，于是赵高自小就被阉割，或许就是这种从小给他的耻辱造就了他今后畸形变态的心理。

"连坐宫刑"在后世影响甚广，直到清代道光十三年（1833）还曾颁发类似规定："嗣后逆案律应拟凌迟之犯，其子孙讯明实系不知谋逆情事者，无论已未成丁，均照乾隆五十四年之例，解交内务府阉割"；其年在十岁以下暂时监禁，"年届十一岁时，解交内务府照例办理"。

秦始皇时期，连坐更是家常便饭，《史记·秦始皇本纪》记载："始皇幸梁山宫，从山上见丞相车骑众，弗善也。中人或告丞相，丞相后损车骑。始皇怒曰：'此中人泄吾语!'案问，莫服，捕时在旁者，尽杀之。自是后，莫知行之所在。"因为有人泄其言行，就将闻者全部诛杀。始皇三十六年（前211）"有坠星下东郡，至地为石。黔首或刻其石曰：'始皇帝死而地分。'始皇闻之，遣御史逐问，莫服，尽取石旁居人诛之，因燔销其石。"

汉文帝时，"尽除收律，相坐法"，但后世连坐之法并未禁绝，如《汉书·王尊传》说："东平王以至亲骄奢不奉法度，傅相连坐。"

因王犯罪，而牵连臣僚，这种做法显是商鞅遗风。又如王莽新政之时，曾进行货币改革，推行"布钱"，为了限制盗铸，他规定"一家铸钱，五家连坐，没人为奴婢"，以至于没为官奴婢的人"以十万数"。当时，为了强行推广"布钱"，王莽甚至规定此钱为身份证明，官民出入都必须携带，否则旅馆也不接待食宿，关门和渡口可以加以拘留。

后世诸朝，皆有连坐之规定，其中尤以唐代对连坐的范围和限制规定得最为具体。《唐律》规定："诸谋反及大逆者，皆斩。父子年十六以上，皆绞。十五以下及母女、妻妾、祖孙、兄弟、姐妹、若部曲、资财、田宅，并没官。……伯叔、兄弟之子，并流三千里，不限籍之同异。即虽谋反，词理不能动众，威力不足率人者，亦皆斩。父子、母女、妻妾，并流三千里。""缘坐非同居者，资财、田宅不在没限。岁同居，非缘坐及缘坐子孙应免流，各准分法应还。若女许嫁已定，归其夫。出养、入道及聘妻未成者，不追坐。道士及妇人，若部曲、奴婢，犯反逆者，止坐其身。"唐律的规定基本为后世所效仿，罪人谋反，只诛杀父子，其余连坐亲属只受非死之刑。

需要注意的是，在很长一段时间，族诛与连坐往往混在一起，两者往往你中有我，我中有你，难分彼此，但到隋唐之后，两者的区别渐趋明显。前者是死刑，族诛之人必死无疑，而后者则未必，父子以外的其他亲属、女眷、从犯很少有处死刑的，大多是被充军、流放、为奴、或被阉割。另外，族诛之人主要是同姓血亲，殃及朋友门生只是特例，而连坐者主要是因事牵连，而非血缘关系。

今天，族诛与连坐这种株连制度已被抛入历史的垃圾桶，现代刑法理念倡导罪责己身，反对株连。

克罗齐说，一切历史都是当代史。刑罚的历史并不单纯是对旧闻掌故的叙述。我们始终应该铭记黑格尔的黑色警示——历史给人类提供的唯一教训就是人类从来不吸取教训。但愿从刑罚的历史中，我们能够洞悉人类的经验与教训，刑罚从野蛮到文明的发展路程不会有大的翻转。

注释:

1. 沈家本:《历代刑法考》,中国检察出版社,2003年,第83页。
2. 沈家本:《历代刑法考》,中国检察出版社,2003年,第73页。
3. 参见《史记·张耳陈余列传》。
4. 参见《史记·孝文记》。
5. 参见《汉书·郊祀志》。
6. 参见《晋书·刑法志》。至于毋丘芝命运,史书并未交代,但估计按照已嫁之女,从夫之刑估计当时亦难逃一死。
7. 参见[日]西男太一郎著:《中国刑法史研究》,北京大学出版社,1985年,第156—158页。
8. 田余庆:《东晋门阀政治》,北京大学出版社,2005年,第21页。
9. 田余庆:《东晋门阀政治》,北京大学出版社,2005年,第47页。
10. 参见《隋书·刑法志》。
11. 沈家本:《历代刑法考》,中国检察出版社,2003年,第74页。
12. 参见《新唐书·刑法志》。
13. 沈家本:《历代刑法考》,中国检察出版社,2003年,第89页。
14. 参见《明史·奸臣传·胡惟庸》。
15. 参见《明史纪事本末》卷十八。
16. 王春瑜:《株连九族考》,《古今集》,兰州大学出版社,2003年,第67页。这首诗说的是,孝孺师法古人夷齐,不食周粟,为君赴义,连累他人无数,这实在难得的很。
17. 板儿爷:"说贱民",《书屋》,2005年第10期。
18. 鲁迅:"病后杂谈之余——关于'舒愤懑'",《鲁迅全集》第六卷,人民文学出版社,1995年,第179—181页。
19. 沈家本:《历代刑法考》,中国检察出版社,2003年,第90—91页。

后　记

　　这是一本十多年前编写的法律科普读物，为了向大家讲授刑罚的历史。

　　历史是过去发生的故事，但所有的故事依然在向今天的人们说话。

　　有人认为，历史没有规律，因为过去的事情不可能重演。在历史中，充满着偶然事件，复杂的人类行为既不能再现，也不能故意创造。因此，在历史中概括不出普遍命题，发现不了历史规律，从而也不能根据以往预测未来。

　　但是这种历史相对主义的断言在逻辑上并不能自洽。如果从历史中无法概括出规律，那么又如何概括出历史充满偶然没有规律的规律呢？

　　人类的经验当然存在局限，每天我们都会面对许多偶发事件，但是从每日不同的经验中，我们依然可以对未来进行一定的预测。

　　从这本介绍中国刑罚历史的小书，我们可以明显发现刑罚从野蛮到人道的变迁，这种规律并非中国独有，在其他国家的刑罚历史中，这一规律也清晰可见。

　　当然，历史相对主义的警惕也并非毫无意义。历史上许多自诩掌握历史发展规律的人总有通神之感，喜欢以自己发现的规律来强加于人，所有企图在尘世建立天堂的人都有这种通神的错觉。

因此，对历史规律的怀疑是必要的，但怀疑如果导向彻底的虚无主义，那就有可能适得其反。"谁控制了过去，就控制了未来；谁控制了现在，就控制了过去"，如果历史没有规律，那它就真的成了任人打扮的小姑娘。

因此，虽然在刑罚的历史中可以发现刑罚从野蛮向人道变迁的规律，但是我们依然要承认理性的局限，不要得出刑罚可以达致人道的极限。野蛮的刑罚并非毫无意义，它毕竟告诉我们刑罚是要给人带来痛苦，对犯罪人进行惩罚的。如果人道主义的刑罚让刑罚不再成为痛苦，那么人道主义也可能带来反人道的灾难。

酷刑把人当作纯粹的工具，是对人的物化，刑罚当然要惩罚犯罪人，但是必须把他当作人来惩罚，这种惩罚本身也是对犯罪人的尊重。

在中国历史上，第一次意识到这种观念的是清末修律大臣沈家本。沈家本认为"各法之中，尤以刑法为切要"。鉴于中外刑制"中重而西轻者为多"，遂以刑法"当改重为轻"为首要步骤。为此，他奏请废除凌迟、枭首、戮尸、缘坐、刺字等酷刑。在某种意义上，沈家本是历史上第一位真正具备现代刑罚观念的学者。本书的大量资料参考自沈家本的《历代刑法考》，这本科普读物只是沈老先生著作的残羹冷炙。

以这本小书向沈家本先生致敬。

罗翔

2020年11月

参考文献

一、古籍类

1. 沈家本：《历代刑法考》，中国检察出版社2003年版。
2. 沈家本：《历代刑法分考（上、中、下）》，中国台湾商务印书馆1976年版。
3. 王先谦：《荀子集解》，中华书局1988年版。
4. 陈奇猷：《吕氏春秋校释》，学林出版社1984年版。
5. 赵晓耕校：《韩非子》，中国香港中华书局2000年版。
6. [汉]刘安著、何宁集释《淮南子集释（上中下）》中华书局1998年版。
7. [汉]刘向集录、高诱注：《战国策》，上海古籍出版社1978年版。
8. [宋]司马光：《资治通鉴》，中华书局1987年版。
9. [清]毕沅：《续资治通鉴》，中华书局1979年版。
10. [清]夏燮：《明通鉴》，中华书局1959年版。
11. [清]谷应泰：《明史纪事本末》，中华书局1977年版。
12. [元]马端临：《文献通考》，中华书局1986年版。
13. [唐]杜佑：《通典》，中华书局1988年版。
14. 《尚书》《周礼》《左传》《尔雅》，均见中华书局1980年版《十三经注释疏》。
15. [晋]陈寿撰、[宋]裴松之注：《三国志》，中华书局1959年版。
16. 《史记》《汉书》《后汉书》，中华书局1983年版。
17. [唐]魏徵等：《隋书》，中华书局1973年版。
18. [晋]刘昫等：《旧唐书》，[宋]欧阳修、宋祁：《新唐书》，中华书局1975年版。
19. [元]脱脱等：《宋史》，中华书局1985年版。
20. [元]脱脱等：《辽史》，中华书局1974年版。
21. [清]张廷玉等：《明史》，中华书局1973年版。

22. 《睡虎地秦墓竹简》，文物出版社1978年版。

23. [唐]长孙无忌等：《唐律疏议》，中华书局1983年版。

24. [清]伍廷芳：《大清法规全编》，修订法律馆1907年版。

二、其他书籍

1. 蔡枢衡：《中国刑法史》，中国法制出版社2005年版。

2. 王觐：《中华刑法观》，中华书局1933年版。

3. 高潮、马建石主编：《中国历代刑法志注释》，吉林人民出版社1994年版。

4. 瞿同祖：《中国法律与中国社会》，中华书局1981年版。

5. 马克昌：《刑罚通论》，武汉大学出版社1999年版。

6. 张伯元：《出土法律文献研究》，商务印书馆2005年版。

7. 朱红林：《张家山汉简<二年律令>集释》，社会科学文献出版社2005年版。

8. 曹旅宁：《秦律新探》，中国社会科学出版社2002年版。

9. 陈兴良：《本体刑法学》，商务印书馆2001年版。

10. 杨鸿烈：《中国法律思想史》，商务印书馆1939年版。

11. 徐进：《古代刑罚与刑具》，山东教育出版社1989版。

12. 王永宽：《扭曲的人性：中国古代酷刑》，河南人民出版社2006年版。

13. 黎国智主编：《马克思主义法学论著选读》，中国政法大学出版社1993年版。

14. 杨玉奎：《古代刑具史话》，百花文艺出版社2004版。

15. 主客：《臀部的尊严：中国笞杖刑罚亚文化》，花城出版社2002年版。

16. 周密：《宋代刑法史》，法律出版社2002年版。

17. 高绍先：《中国刑法史精要》，法律出版社2001年版。

18. 张晋藩主编：《中国刑法史稿》，中国政法大学出版社1991年版。

19. 谢望原：《刑罚价值论》，中国检察出版社1999年版。

20. 周密：《中国刑法史》，群众出版社1985年版。

21. 陈登原：《国史旧闻》，中华书局2000年版。

22. 《鲁迅全集》，人民文学出版社1995年版。

23. 唐德刚：《晚清七十年》，岳麓书社1999年版。

24. 于振波：《秦汉法律与社会》，湖南人民出版社2000年版。

25. 王春瑜：《古今集》，兰州大学2003年版。

26. 田余庆：《东晋门阀政治》，北京大学出版社2005年版。

27. 杨春洗主编：《刑事法学大辞书》，南京大学出版社1990年版。

28. 钱大群：《唐律研究》，法律出版社2000年版。

29. 李亚平：《帝国政界往事：大明王朝纪事》，北京出版社2005年版。

30. [法]卢梭：《社会契约论》，商务印书馆1980年版。

31. [意]贝卡里亚：《论犯罪与刑罚》，中国大百科全书出版社1993年版。

32. [德]康德：《法的形而上学原理》，商务印书馆1991年版。

33. [德]黑格尔：《法哲学原理》，商务印书馆1961年版。

34. [英]哈耶克：《自由秩序原理》，三联书店1997年版。

35. 《马克思恩格斯全集》，人民出版社1960年版。

36. [美]D·布迪、C·莫里斯：《中华帝国的法律》，江苏人民出版社2003年版。

37. [日]西田太一郎：《中国刑法史研究》，北京大学出版社1985年版。

38. [英]罗吉尔·胡德：《死刑的全球考察》，中国人民公安大学出版社2005版。

三、论文类

1. 刘公任："汉魏晋之肉刑论战"，载《人文月刊》1937年第8卷第2期。

2. 薛菁："汉末魏晋复肉刑之议"，载《东南学术》2004年第3期。

3. 吴艳红："明代流刑考"，载《历史研究》2000年第6期。

4. 吴艳红："试论中国古代的'发罪人为兵'"，载《中外法学》2001年第2期。

5. 徐鸿修："从古代罪人收奴刑的变迁看隶臣妾、城旦舂的身份"，载《文史哲》1984年第5期。

6. 张建国："西汉刑制改革新探"，载《历史研究》1996年第6期。

7. 韩树峰："秦汉律令中的'完'刑"，载《中国史研究》2003年第4期。

8. 郭建、姚少杰："'坑'考"，载《华东政法学院学报》2001年第3期。

9. 郭东旭："论北宋'盗贼'重法"，载《河北大学学报（哲学社会科学版）》，2000年第5期。

10. 王仲修："从野蛮走向文明——中国死刑执行方式的历史演变"，载《烟台大学学报（哲学社会科学版）》2004年第2期。

11. 徐岱："中国刑名及刑罚体系近代化论纲"，载《吉林大学学报（社会科学版）》2001年第6期。

12. 龙大轩："论中华民族的罪刑观念及其历史嬗变"，数《贵州民族学院学报》2002年第4期。

13. 陈永生："对我国死刑复核程序之检讨——以中国古代及国外的死刑救济制度为视角"，载《比较法研究》2004年第4期。

14. 郭嘉："从睡虎地秦简看秦朝的赎刑制度"，载《中州学刊》2004年第3期。

15. 童光政等："论赎刑制度"，载《社会科学家》1996年第3期。

16. 张光辉："明代赎刑的运作"，载《四川大学学报（哲学社会科学版）》2005年第3期。

17. 戴建国："宋折杖法的再探讨"，载《上海师范大学学报》2000年第6期。

18. 李晓明、李可："耻辱刑与刑罚宽和之历史进步作用"，载《河北法学》2000年第6期。

19. 黄晓明："笞刑论考"，载《安徽大学学报》1997年第2期。

20. 吕志兴："宋代配刑制度探析"，载《西南师范大学学报》2004年第1期。

21. 王宏治："清末修刑律的再认识"，载《比较法研究》2005年第4期。

22. 曾代伟："蒙元流刑考辨"，载《内蒙古社会科学》2004年第5期。

23. 杨芹："宋代流刑考——以流沙门岛的情况为主要事例"，载《中山大学学报（社会科学版）》2005年第1期。

24. 钱大群："再谈隶臣妾与秦代的刑罚制度"，载《法学研究》1985年第6期。

25. 余秋雨："流放者的土地"，载《收获》1987年第4期。

26. 魏得胜："三十个世纪的中西之别"，载《书屋》2003年第2期。

四、外文类

1. Carl Ludwig von Bar:A History of Continental Criminal Law,Rothman Reprints Inc.South Hackensack,New Jersey;New York,1968.

罗翔

湖南耒阳人
中国政法大学教授，厚大法考刑法主讲教师
主要研究领域为刑法学、刑法哲学、经济刑法、性犯罪

1999年 获中国青年政治学院法学学士学位
2002年 获中国政法大学刑法学硕士学位
2005年 获北京大学刑法学博士学位

毕业后，任教于中国政法大学，先后前往美国加州大学伯克利分校、杜克大学
交流访问。2008年以来入选法大历届最受本科生欢迎的十位教师，2018年入选
法大首届研究生心目中的优秀导师。

2020年初，因其刑法课视频中所举的案例幽默风趣，意外爆红网络，被称为
"一米九的法律男神"。受邀入驻视频网站后，6个月粉丝破千万，创造最速千
万粉传说。致力于法学常识的普及，法律随笔集《法治的细节》荣获第十七届
文津图书奖。

刑罚的历史

作者 _ 罗翔

产品经理 _ 张晨　　封面设计 _ 董歆昱　　内文排版 _ 吴偲靓

技术编辑 _ 顾逸飞　　产品总监 _ 马伯贤　　出品人 _ 吴畏

营销团队 _ 施明喆

果麦
www.guomai.cn

以 微 小 的 力 量 推 动 文 明

图书在版编目（CIP）数据

刑罚的历史 / 罗翔编著. -- 昆明：云南人民出版社, 2021.1（2024.5重印）
ISBN 978-7-222-19809-8

Ⅰ.①刑… Ⅱ.①罗… Ⅲ.①刑罚－研究－中国－古代 Ⅳ.①D924.122

中国版本图书馆CIP数据核字（2020）第215320号

责任编辑：刘　娟
责任校对：和晓玲
责任印制：李寒东

刑罚的历史
XINGFA DE LISHI
罗　翔　编著

出　版　云南人民出版社
发　行　云南人民出版社
社　址　昆明市环城西路 609 号
邮　编　650034
网　址　www.ynpph.com.cn
E-mail　ynrms@sina.com
开　本　880mm×1230mm　1/32
印　张　6.5
字　数　151 千字
版　次　2021 年 1 月第 1 版　2024 年 5 月第 24 次印刷
印　刷　嘉业印刷（天津）有限公司
书　号　ISBN 978-7-222-19809-8
定　价　45.00 元